무궁무궁

무궁무궁

유계영의 9월

ㄴㄴ〉〈ㄷㄴ

차례

작가의 말 한 걸음만 딛고 싶게 7

9월 1일   일기 Point, Dot, Spot 11
9월 2일   시 있다 15
9월 3일   산문 사물의 힘으로부터 떨어져나와 19
9월 4일   시 요가원에서 27
9월 5일   산문 무궁무궁 33
9월 6일   편지 그늘과 그림자—나의 선생님들에게 39
9월 7일   시 그림자놀이 45
9월 8일   단상 방울 속은 텅 비어 51
9월 9일   시 고양이 목에 방울 달기 59
9월 10일 단상 이웃들을 괴롭히지 않기 위하여 63
9월 11일 시 한붓그리기 69
9월 12일 산문 새와 만나는 방법 75
9월 13일 시 동윤에게서 동윤 빼기 81
9월 14일 읽기 일보 직전의 말들—나의 첫 시집 『온갖 것들의 낮』 읽기 85
9월 15일 자전 산문 호랑이 뱃속 구경 97
9월 16일 산문 새와 나 사이 111

9월 17일 단상 시 안 쓰기 시 쓰기　119

9월 18일 짧은 산문과 시 씨앗 하나　125

9월 19일 산문 새로움의 매우 짧은 꼬리　131

9월 20일 시 수염이 긴 쪽이 어른입니다　147

9월 21일 읽기 무기력기에 접어든 사람에게 1　153

9월 22일 읽기 무기력기에 접어든 사람에게 2　159

9월 23일 읽기 암흑 속에서―김수영의 「사랑의 변주곡」 읽기　165

9월 24일 시 유해조수　171

9월 25일 읽기 살아 있는 것만이 살아 있는 것을 알아본다
　　　　　　―신이인, 『검은 머리 짐승 사전』 읽기　175

9월 26일 산문 맹지盲地에서　183

9월 27일 시 맹지盲地에서　187

9월 28일 산문 나무와 나무 사이　191

9월 29일 읽기 모든 것이 중요하다―나의 사적인 고전 읽기　197

9월 30일 시 늘어놓기, 가로등이 꺼질 때까지 늘어놓기, 완전한 어둠 속에서
　　　　　　늘어놓기……　209

작가의 말

한 걸음만 딛고 싶게

9는 구름이라서 뭉게뭉게. 9는 나무라서 무럭무럭. 9는 주전자라서 모락모락. 9는 열매라서 부풀부풀…… 그리고 9월, 무한히 펼쳐지고 확장되는 일보 직전의 날들. 우리가 고개를 들어 깊숙해진 하늘을 올려다보는 이유지. 여름방학을 보내고 다시 만난 친구들의 새 학기 모습이 좋지. 여름을 통과하며 노릇노릇 잘 구워진 피부가 한 꺼풀씩 벗겨지는 것이. 바다 거품 사이에서 연분홍 섬이 눈부시게 떠오르는 것이. 어디는 잘 익어 일찌감치 책상 앞에 돌아오고, 어디는 덜 익어 아직도 뙤약볕을 뛰어노는 것이. 9월의 음각화를 보는 게 좋지. 그걸 너에게 읽어주는 게 좋지.

내가 쓴 협소한 세계가 안전한 울타리 안의 평화만을 수

집해왔을 따름 아닌지 종종 근심에 시달린다. 그러나 걱정하지 않기로 한다. 문밖의 세계로 나서지 못하는 나에게. 무기력과 두려움에 붙들린 나에게. 용기를 내자고 전하고 싶은 장면이 있었으니까. 비가 많이 온 여름을 지나면 가을 열매는 싱거워지는 법이니까.

 작가의 말을 적고 있는 오늘은 입추. 나는 통창에 앉아 바깥을 보고 있다. 플레어스커트를 입은 여자가 치맛자락을 붙잡고 지나간다. 앞머리의 가지런한 모양이 중요한 초등학생이 이마를 붙잡고 지나간다. 막 버스에서 내린 여고생이 양손에 움켜쥔 치마폭을 펼치는데 부스러기 같은 게 왕창 떨어져 흩날린다. 저 재료들을 옮겨다 개미들은 개미 세상을 만들겠지?

 싱거운 걸 보고 싱거운 생각하기. 이런 시시한 생각을 할 줄 몰랐다면 1의 무궁무궁도 몰랐을 것이다. 소수점 이하로 무한히 번지는 세계는 상상조차 못 했을 것이다. 나의 엉성한 언어로 누군가 산책을 나가고 싶어진다면. 바로 책을 덮는다 해도 나는 기쁠 것 같다.

9월 1일

일
기

Point, Dot, Spot

 9월은 처음이야. 이런 9월은. 뜨거워. 이렇게 뜨거워도 되나. 잠깐 지구 걱정. 어떻게 구해야 할까. 나의 오늘을. 미래 세대를. 천수관음처럼 펼쳐지는 손이라면 상해가는 지구를 구할 수 있나. 세상을 폭 감싸안고 손사래를 쳐 욕심을 물리칠 수 있나. 하지만 이미 천수인 내가 익숙한 한 쌍의 손만 쓰게 되는데. 한 쌍의 손으로 포크를 쥐고 제일로 맛있는 걸 골라 먹으며 탐욕하는데. 구백구십팔 개의 손을 빈둥빈둥 놀리고 있는데. 단 하나의 손으로 내 뺨을 후려칠까. 엉엉 울면서 반성할까. 나의 오늘에게 미안해. 미래 세대에게 미안해. 그렇게 말할 수도 있겠지. 하지만 이런 9월은 처음이야. 나는 단 하나의 손바닥을 펼쳐 맑은 인사만을 건네기로 해야지. 안녕. 안녕. 이런 9월은 처음이야.

어떤 나무가 나와 함께 울상 짓고 있다는 생각에 머물던 적도 있었다. 내가 기쁨을 들켜서 어떤 꽃이 핀다고 생각한 적도 있었다. 내가 바라보았기 때문에 가을 잎이 떨어진다고도. 그러나 어떤 나무가 나의 고통과 무관하게 반짝이고 있을 때, 어떤 잎사귀가 나와 무관하게 색을 터뜨릴 때, 나는 위로받았어. 연결로부터 도움받았던 것만큼 단절로부터 회복되었어. 부분의 모든 합이 전부가 아니라는 것을 알아차린 후엔 예전과 같은 시를 쓸 수 없었어. 하지만 순간이 더 명료해졌지. 찰나의 일이라는 것을 알아차렸어. 연결과 단절이 얽혀 있는 한 점의 깊이를 알겠어. 나의 고통이 어떤 규모인지 함정에 빠지지 않고 바라볼 수 있겠어. 나는 이제 다른 시를 쓰겠지. 시가 나를 차원 이동하게 하는 것이 재미있고 놀라워!

9월 2일

시

있다

가을 자두의 이름은 추희秋姬다
뜻을 풀면 가을의 여자아이
날마다 새롭게 열리는 나의 호주머니 속에 0알 있다

손등 위로 날아와 앉은 늦반디가 발광기를 켠다
0그루의 나뭇가지가 되어주려고
가만 가만 흔들린다

0의 표면을 살짝 꼬집어
죄를 고백할 때라면 삶은 달걀 속껍질 벗기듯이
가슴이 짓뭉개지지 않도록 해야 한다

울다 잠든 간밤을 똑똑히 기억하면서도
아, 개운하게 잘 잤다 말하고
양팔로 창문을 활짝 젖히는 사람에게

비어 있음의 있음처럼 잠잠한
나에게

0개의 꼬리가
있어
휘청인다

내 어깨에 걸터앉은 할머니들이 차례로 내려와
꼬리를 잡으려 옥신각신하여도

0은 반디의 불빛처럼 내부가 차다

돌멩이 하나가 창문에 날아와 박힌다
배꼽으로부터 태어나는

식탁 위 붉은 한 알

9월 3일

산
문

사물의 힘으로부터 떨어져나와

 9월은 산책이다. 9월엔 거의 집에 붙어 있지 않는다. 강아지 두 마리와 살기 때문이다. 친구들은 나를 무척 부지런한 사람이라 알고 있지만 그건 오해다. 집 밖을 나서는 이유는 개들의 조리 있는 몸짓에 설득당해서다.

 각종 취미생활을 섭렵하며 여가를 풍성하게 일구는 사람들이 신기하다. 자유가 주어졌을 때 스스로 일어서서 걷는다는 뜻이니까. 나는 주로 침대의 인력에 잠자코 의지하며 책상의 척력에 기꺼이 순응하는 방식으로 자유를 반납해왔다. 유튜브로 자주 찾아보는 것 중 여전히 나의 잠재의식을 드러내는 것이 하나 있는데, 은둔생활자에 관한 다큐멘터리나 시사 프로그램이다. 백이면 백 주룩주룩 소리 없는 눈물을 흘리며 끝까지 본다. 내가 그들에게 뼈아픈 마음을 대어보는 것은 현관을 나설 때마다 느끼는 공포가 반영된 것이겠지. 언어의 세계로 포섭되지 않는 두려움. 그걸 여전히 해결 못하고 있다는 것이겠지. 나는 익숙한 공간의 사물들이 얼마나 끈적끈적한지 안다.

함께 사는 세 마리 동물 중 둘은 길에서 왔다. 하나는 고양이고 하나는 개이므로 둘 사이 공통점이 있을 리 만무하다. 그렇지만 길에서 온 두 녀석은 집에 내려놓기가 무섭게 사물에 딱 달라붙어 떨어지지 않았다는 전력에 있어 동일하다. 한 녀석은 혹한의 거리에서 가정집 대문을 기웃거리며 밥 구걸을 하는 길고양이였고, 한 녀석은 영문 모를 발길질이나 당하는 떠돌이 개였다. 사람과 생활 리듬을 맞추어본 경험은 있는지, 이름이 있었는지, 어미가 누구인지 따위 전혀 모른 채 나는 그들과 함께 살기로 결정했다.

길고양이는 대개 치즈, 턱시도, 삼색이, 고등어, 젖소, 카오스 등 털의 빛깔과 패턴으로 구분 지어 부른다. 그러나 집에 들인 이 고양이는 뭐랄까. 부르기도 참 난감한 외투를 걸

치고 있었다. 통상적인 구분법에 따르자면 치즈고등어삼색카오스 정도랄까. 누군가 말하기를 "무늬가 참 엉망진창"이라 표현했는데 차라리 그쪽이 더 근접한 명명이다. 어쨌든 이 엉망진창 고양이는 집에 내려놓기가 무섭게 빠른 포복으로 코타츠 아래에 숨었다. 코타츠 담요를 살짝 들춰 장난감을 흔들어보거나 간식을 내밀어도 고개만 앞으로 살짝 잡아뺄 뿐 도무지 밖으로 나오지 않았다. 코타츠 밑 어둠에 딱 달라붙어 바깥에서 들려오는 소리에 민감한 두 귀를 쫑긋거릴 뿐이었다.

떠돌이 개도 마찬가지였다. 개는 등줄기와 옆구리에 멍든 사과 같은 연한 얼룩을 띤 스피츠였는데 역시나 내려놓기가 무섭게 식탁 위로 쏜살같이 올라가 며칠간 내려오지 않았다. 그 마음을 내가 모를 수 없는 것이다. 사물에 덜미가 딱 붙어버리는 그 느낌. 오직 자신의 힘을 통해서만 떨어져나와야 하고, 오직 자신의 힘을 통해서만 움직여야 하는 첫걸음의 힘겨움. 무방비한 맨살을 무릅쓰라 요구하는 첫걸음의 어려움. 그걸 내가 모를 수 없는 것이다.

엉망진창에게는 민지라는 이름을, 멍든 사과에게는 하이라는 이름을 지어 알려주었다. 나의 이름은 유계영이고 이제부터 너의 언니가 될 것이라고 알려주었다. 밥 먹는 시간과 외출 패턴을 알려주었다. 간식을 기다릴 땐 엉덩이를 땅에 붙인 채 앉아야 한다는 것과 기다림의 약속을 알려주었다. 앙상한 '지금'이 쌓여 마침내 두툼한 '현재'가 되었을 때, 민지와 하이는 공유 영역 내에서 차츰 자유로워졌다. 내가 그들에게 알려주려던 것은 우리가 함께 지낼 공동체가 안전하다는 것, 외부의 위협으로부터 너를 보호할 것이라는 약속의 감각이었지만 나의 마음은 언어를 통해 전달되었다. 인간의 언어를 통해서.

나는 여전히 집에는 빨아당기는 힘이 있다고 주장하며 침대는 커다란 빨판 같아서 이토록 강력한 빨아당기는 힘으로부터 나를 일으켜세울 수 없다고 초라한 변명을 늘어놓는다. 번아웃이라든지 사회공포증이라든지 우울증이라든지 의심해볼 진단들이야 많지만, 나는 그저 이 모든 것이 얄궂은 역학 법칙처럼 느껴질 뿐이다. 사회가 나에게 가르쳐준 언어가 불안의 토대 위에 헐겁게 쌓아올린 못 미더운 것이기 때문이라고 탓하는 것만도 아니다.

생물학자 에드워드 윌슨은 자연과 생명에 대한 인간의 선천적인 사랑을 가리켜 바이오필리아라는 개념을 내세운다. 이것이라면 설명할 수 있을까. 언어로 포섭되지 않는 미지에 대한 두려움을 딛고 나를 문밖의 세계로 데려다주는 힘을. 여전히 사물의 표면에 누워 죽음과도 같은 안락함에 나를 널어놓길 좋아하지만 그럼에도 불구하고 두 마리 개들과 매일 산책하는 이유를.

생명의 신호에 귀기울이면 행복이라는 추상이 너무나도 구체적인 형태로 눈앞에 펼쳐진다. 개들의 신난 엉덩이가 눈앞에서 명명백백 흔들리기 때문이다. 나아가며 네 다리의 중심축이 '흔들리는' 것이 아니라 흥에 겨워 저절로 움직이는 춤처럼, 보행에 있어서는 거추장스러울 정도로 나의 개들이 엉덩이를 '흔들고' 있다. 개들이 공포를 느낄 때의 표정과 개들이 행복을 느낄 때의 표정은 거의 같고 완전히 다르다. 이 미묘한 체계 내에서 소통하기 위해 개들의 언어를 나 역시 배워야 한다. 그럴 때 인간적인 두려움은 한 발짝

물러선다. 그러니 침대의 강력한 빨아당기는 힘으로부터, 등짝이 화끈거리도록 쩍 떨어져나와 걸을 수 있게 된 것을 개들에게 설득당한 것이라고 말할 수 있겠지. 문밖에는 참깨만한 행복. 엉덩이만한 기쁨. 있네.

리드줄의 한쪽 끝에는 인간이, 반대쪽 끝에는 개가. 누가 앞장서는 것일까. lead는 연결. 연결이야말로 나를 일으키는 명료한 힘이다. 힘은 상처를 벌리기도 하지만 벌어진 상처를 꿰매기도 한다.

9월 4일

시

요가원에서

미간과 콧등에 모인 생각이 많아서죠 앞으로 고꾸라질 듯 걷는 이유를
말하지 못했습니다 선생님도 그렇죠?
두루마리 문서처럼 안쪽에 쥔
말을 놓아주기 위해
투쟁중이죠?

그러니까 놓아준다는 것, 말입니다
나는 이미지를 떠올리고
이미지를 받아들일 수 있을 때까지 기다립니다
죽은 채로 태어난 송아지의 붉은 핏기가
검게 마를 때까지 기다려주는 일처럼

침대 위로 쓰러지기 전에
삽날을 세우고 발로 쾅쾅 밟는 이미지가 먼저
옵니다 어둑한 구덩이 안쪽에 흰 발가락이
하나씩 착륙하는 이미지는 그다음

한 끼 식사 앞에서는
동물을 돌로 내리쳐 따뜻한 숨을 거두어가는
손의 이미지로부터 시작합니다
이미지가 받아들여지지 않으면 기다리기
굶주림에 무릎이 꺾일 때까지
암퇘지의 앞다리를 수탉의 창자 안으로 말아줄 수 있을 때까지
이미지의 실패 아닌 나의 실패와
눈 맞추며

뿌리는 단단히 박혀 있고 나뭇가지는 멀리 간다고, 선생님은 말씀하셨지만
나의 신체는 도무지 나무라고 할 수 없는데요

물관 없고 옹이 없고
이끼처럼 엉금엉금 기어다니는데요

말하지 못했습니다 그러나 무성하다고

선생님, 제가 안쪽으로 말린 어깨를 펴려면
창문을 열어주셔야죠

책을 눈앞에 펼쳐 쥐는 것 대신
바닥에 활짝 엎어놓은 뒤 기다리면

아, 기러기가 창밖으로 날아갑니다
죽은 송아지의 아직 남아 있는 온기가
태양을 경배하기 위해 돌아갑니다

어젯밤 파놓은 구덩이에서 개미 한 마리 기어나와
미간과 콧등 위로 올라섭니다

저는 마침내

고요가 무엇인지 모르게 되는 것이에요

9월 5일

산
문

무궁무궁

 어쩌면 이렇게도 예외 없이 나는 운동을 좋아하지 않는다. 술래잡기하는 또래에게서 동떨어져나와 책 읽는 아이까지는 아니었지만 스탠드에 앉아 노는 아이들을 구경하는 쪽에 속했다. 유치원 가을 운동회의 씽씽카 주자였던 나는 출발선과 머지않은 지점에서 일찌감치 넘어졌다. 흙먼지를 뒤집어쓴 채 꼴등으로 들어오는 그날의 장면이 사진으로 남아 있다. 사진 속 어린이가 입술을 앙다물고 있는데, 그건 역전을 노리는 승부욕의 발로라기보다는 너무…… 창피했기 때문이지. 울게 되면 더 큰 주목을 받게 된다는 만고불변의 이치를 조기에 알아차린 바람에, 젖 먹던 힘까지 쥐어짜 표정 관리했던 기억이 생생하다. 체육 시간과 운동회는 시간표의 지뢰였다. 시원한 포물선이 터져오르는 축구공의 움직임을 좋아했지만 구경하는 처지일 때만 그랬다. 나는 학교 담벼락 생울타리에 심겨 아무도 눈길 주지 않는 무궁화 무궁화 무궁화처럼 운동장의 가장자리로만 운신했다.

이십대에는 다이어트를 목적으로 각종 체육관에 다녀본 적도 있다. 그러나 곤욕을 치른 나에게 너무 많은 쾌락 음식을 보상하는 습관을 못 고쳐 금세 그만두었다. 좋아하지 않으면 잘할 수 없게 되는 게 응당한 순서다. 나는 점점 더 몸을 움직이는 일에 퉁명스러워졌다. 나를 매료시키는 건 대개 정신활동이었다. 점점 더 언어의 추상 세계로 어슬렁어슬렁 빠져들었다. 신체라는 물질은 시간에 마모되고 지저분해지다 결국 모서리부터 삭아가는 모든 물질과 다를 바 없다는 게 몸에 대한 견해였다. 제아무리 가꾸고 돌본다고 해도 속수무책으로 망가질 날들이라는 게. 그렇지만.

동네 태권도장을 운영하는 젊은 부부의 성실함은 나의 성실한 산책이 발견했다. 이른 시간부터 늦은 시간까지 환하게 불 밝힌 태권도장 앞을 꼬박꼬박 지나다녔기 때문이다. 태권도장이 건물 일층에 자리잡은 덕분에 매트에서 맨

발로 뒹구는 어린아이들을 볼 수 있었다. 통창을 사이에 두고 아이들과 가로수들이 앞다투어 밤을 초과해 움직였다. 시든 푸성귀를 얼음물에 헹굴 때 싱싱한 숨이 살아나듯 나는 일부러 그 앞으로 다녔다. 매일 다르게 키가 크는 아이들이 여럿 어우러져 있는 것이 보기에 좋았다. 또래라고 보기엔 확연히 덩치가 다른 아이들이 친구인 것을 볼 때. 키 작은 아이와 키 큰 아이가 어깨를 겯고 꺅꺅 웃는 것을 볼 때. 여자아이와 남자아이가 새하얀 도복을 입고서 가방을 흔들며 나란히 걸어가는 것을 볼 때. 나를 자라게 한 몸들이 중첩되어 보인다. 어른들과 어린이들, 소년들과 소녀들, 부모와 선생님들, 친구들과 연인들과 이웃들과…… 숲의 초목들이 각기 다른 높이를 가진 것처럼 각기 다른 몸들이 숲을 이룬다.

비가 갠 맑은 날엔 이런 장면도 보게 되었다. 공원의 농구 코트에서 태권도장 아이들이 무궁화꽃이 피었습니다 놀이를 하고 있다. 술래를 자처한 남자 사범의 새끼손가락에 매달려 아이들이 늘어서 있다. 바라보지 않을 때 등뒤에서 부산스럽게 달려오던 아이들이 일순간 멈추고. 작은 아이는 적당히 큰 아이가 손잡아주고. 더 작은 아이는 여자 사범이 손잡아주고. 가장 작은 아이는 남자 사범의 어깨 위에 목말을 타고.

모두 멈추어 있다. 시선의 그물망 앞에서. 망울을 터뜨리는 순간을 절대 들킬 수 없다는 듯이. 무궁화의 꽃술처럼, 유니콘의 뿔처럼, 가장 높이 솟아오른 가장 작은 아이만이 어떤 언니 오빠가 살짝 움직였는지 웃으며 지켜보고 있다.

9월 6일

편
지

그늘과 그림자
| 나의 선생님들에게 |

 당신을 생각합니다. 매일 아침 조회 시간, 당신은 아이들에게 풍금 연주를 들려주는 자상한 음악 선생님이었어요. 가창 시험 이후 당신의 눈에 든 내가 당신 곁에서 노래를 불렀습니다. 처음 며칠은 은근한 자부심으로 기뻤습니다. 더 이상 아침 조회 노래를 부르고 싶지 않다고 악악 소리를 지르게 된 날이 얼마나 지나서였는지는 기억나지 않습니다. 당신의 풍금 연주에 내 목소리를 얹을 수 있는 특별한 허락이 유일한 긍지라는 듯 고분고분했던 내가, 어느 날 갑자기, 더는 참을 수 없다는 듯이, 책상에 그대로 엎드려 삼십 분가량 목놓아 울었습니다. 나는 나의 슬픔과 분노가 어디에 어떻게 흩어져 있다가 모서리를 완성한 뒤 스스로 불쑥 일어서게 된 것인지 몰랐습니다. 당신은 내가 울음을 그칠 때까

지 아무 말도 하지 않고 울음을 들었습니다. 그리고 나를 비롯해 누구에게도 다시는 아침 조회 노래를 부르게 하지 않았습니다. 그럼에도 당신은 매일 아침 풍금을 연주해주었어요. 하루도 빠짐없이 그렇게 했습니다.

다시. 당신을 생각합니다. 당신은 교탁에 서서 우리의 선물을 하나씩 받아들고 고맙다고 웃어주었습니다. 나는 친구들이 가지고 온 멋진 상자들을 보면서 떨었습니다. 세련된 포장을 입은 벽돌들이 교탁 위에 쌓였습니다. 당신의 성전처럼 멋진 건축이었습니다. 선물을 전달하기 위해 늘어선 아이들의 대열에서 나는 티 나지 않게 빠져나왔습니다. 작은 생쥐처럼 조용히 움직여 당신 책상 위에 카네이션 한 송이를 재빨리 올려두었습니다. 나는 당신이 그 카네이션이 어떤 아이의 것인지는 관심도 없는 사람이기를 바라며 5월을 보냈습니다. 당신이 적당히 무신경한 어른이었다면 좋았을 거예요. 당신의 따뜻한 눈빛, 가장 안쪽 동심원을 헤아리면서 내내 부끄러워할 필요는 없었을 거예요.

다시. 당신을 생각합니다. 나는 당신에게 뺨과 뒤통수를 맞고 배를 걷어차인 뒤 나동그라졌습니다. 당신은 내 교과서를 갈가리 찢어 집어던졌습니다. 책가방과 함께 나는 교실 문밖으로 고꾸라졌습니다. 당신의 말대로 집에 돌아갔다면 엄마에겐 무어라 말할 수 있었을까요? 수업 시간에 낙서를 했어. 먼 나라의 이름을 귀퉁이에 적었어. 그게 전부야? 묻는다면…… 내가 모르는 무엇이 더 있을까봐 집으로 돌아갈 수 없었습니다. 친구들이 당신에게 얻어맞을 때, 나는 내가 맞는 것이 아니어도 똑같이 멍든다는 것을 배웠는데요. 내가 오늘의 운 나쁜 아이가 되었을 때, 나의 친구들도 그랬을지…… 당신을 용서했어요. 그러나 이해할 수는 없었습니다. 이것이 내가 거둘 수 있는 작은 승리라고 믿습니다.

다시. 당신을 생각합니다. 구십년대에 초등학교를, 이천년대에 중고등학교를 다닌 나에게 학교와 선생은 아무래도 추억거리가 아닙니다. 나는 매사 시큰둥하고 반항심으로 결계를 친 대학생이 되어, 나에게 아무것도 하지 않는 선생들만을 겨우 따르고 학교는 그냥…… 시를 쓰러 다녔습니다. 당신은 말이 없는 편이어서 하고 싶은 말이 많은 사람들이 당신 곁에 늘 가득했습니다. 당신이 드리운 조용한 그늘에 오순도순 모여 앉은 사람들. 그 무리에 내심 끼고 싶었습니다. 당신의 시를 읽고 궁금했던 것을 묻고도 싶었습니다. 당신은 노인인데 왜 당신의 시는 청년이 쓴 것 같나요? 당신은 너그러운데 왜 당신의 시는 매섭도록 단호한가요? 도대체 시를 무어라 생각해야 하나요? 하지만 물을 수 없었습니다. 자기를 어필하고 싶어 안달난 아첨꾼처럼 보이고 싶지 않았다기보다는…… 내 마음은 그렇게 얇고 가볍고 나풀거리는 것이 아니기를 바랐습니다. 가끔 수업 제출용 외에도 그간 쓴 시들을 묶어 당신의 연구실을 찾았습니다. 당신은 단 한 번도 두고 가라 하지 않고, 마주앉은 자리에서 나의 시들을 천천히 끝까지 읽었습니다. 그 시간이 좋았습니다. 시를 다 읽고 나서 시에 대해선 별말씀도 없으신 것이 좋았습니다. 정적의 낙처를 읽는 일이 기뻤습니다. 당신은 나에게 어떤 문장이 좋은 시의 문장인지, 어떤 자세가 시인의 자세인지, 무엇이 시인지, 당신의 말로 알려준 적이 없습니다. 하지만 나는 당신에게 배운 바대로 시를 쓰고 있어요.

당신을 생각합니다. 나는 단 한 사람을 떠올리고 있진 않습니다. 그러나 나의 목덜미에 초록색 등껍데기를 가진 딱정벌레 한 마리가 탁 날아와 앉은 것처럼 선명하게, 한 사람이 떠오릅니다. 그늘은 드리우는 것, 그림자는 포개지는 것, 그늘은 잠기는 바다, 그림자는 징검돌…… 덥지도 춥지도 않은 쾌적한 나무 그늘에 앉아 쉴 때, 나는 그림자가 없습니다. 그늘을 벗어나면 비로소 뺨 위의 주근깨가 짙어집니다. 서로서로 밟고 가기 좋은 그림자들이 태어납니다. 선생님, 나는 태어납니다.

9월 7일

시

그림자놀이

*

교실의 광원은 머리 위에 있지요

빛은

눈이 깊은 아이들의

작은 광대뼈 위에

감미로운 어둠을

도사리게 하고

정수리에

꽝꽝 꽂혀요

우리가 우리의

어두운 심지를

더 깊숙이

박아넣도록

(우리들과 어둠의 과도한 교제를 근심하며 커튼을 걷어 젖히는 선생들을 기억해요?)
(간신히 웅크려 데워놓은 심장을 단숨에 식히는 선생들……)

그러나 커튼레일에 도열한 자잘한 이빨들이 경쾌하게 트일 때
창밖의 햇빛이 밀고 들어올 때

나는 보고야 말았어요

따뜻하고 축축한 내장처럼

선생과 우리들의 발끝에서

각자의 어둠이

흘러나오는 것을!

*

선생은 이따금 밖으로 나가자고 제안합니다

커다랗게 드리운 나무 그늘에
모여앉은 우리는
그물에 걸린 치어들처럼
꼼짝없이 창백합니다

그러나 선생의 취미는 밤새워 낚은 잡고기들을
다시 놓아주는 일[1]
손아귀를 힘껏 열어주는 일

    우리들은 겨우
        제 몸집만한
            그늘을 떼어
                제각기
                    빠져나
                        갑니다

방울 속은 텅 비어

게 배운 것. 양양 바닷가에서 알래스칸 말라
고 있다는 그는, 태어난 이래 강남구 대치동
벗어난 적이 없다고 했다. 서핑을 위해 생활
동을 감행한 그에게 인터뷰어가 물었다. 도대
냐고. 서핑이 뭐길래 이사까지 했느냐고. 나
ㅣ 대답에 감동하고 말았다. "서핑은 진—짜 재
ㄹ 재밌어요." 이 단순하고도 강력한 말의 힘.
순간에도 서핑보드 위에 흔들흔들 서 있는 사
에게 서핑이 무어라고 대답하기 위해서는 일
와야만 하니까. 파도 위에서 파도를 보는 자
 하니까. 의미는 행위 이후에 오는 것이니까.

*

나는 교정에서 가장 큰 아름드리 노거수

잎사귀 중 하나를 골라

가장자리부터 갉아볼 요량이에요

어둠을 조금씩

햇빛에게 돌려줄 수 있나요?

선생에게 아이를 돌려줄 수는?

달아오르는 등의 온기를 느끼며

우리는 우리의 어두운 심지를

땅 위에

놓아줍니다

---

1) 나의 첫 시 선생님, 홍신선 시인의 「죽음 놀이」(『우연을 점 찍다』, 문학과지성사, 2009)를 참고했다. 평소 나는 '팔거나 먹지도 않을 걸 잡는 낚시꾼이야말로 가장 악질'이라고 주장하곤 했지만, 제 입에 넣으려고 잡는 낚시와 도로 놓아주려고 잡는 낚시가 정말로 다른 일인지 며칠 생각에 묶여 있을 것이다. 놓여날 때 아주 시원할 것이다. 선생님은 선생님이다.

파도 위에 서…

서퍼 청년…
뮤트와 함께…
을 단 한 번도…
권 전역의 이…
체 서핑이 무…
는 서퍼 청년…
밌어요. 정-…
그는 대답의…
람 같다. 자…
단 해변으로…
리로 내려와…

그는 서평의 의미에 관한한 답할 수 없을 것이다.

파도 위에 올라섬으로써 이전과 이후가 사라지는 상태. 똑같은 파도는 없으므로 순간순간 갱신되는 지금에 있는 상태. 그것이 너무 재미있기 때문에 그것이 무엇인지 모르는 상태. 그의 대답에 잠시간 부끄러웠던 이유는 내가 시쓰기의 의미를 설명하기 위해 너무 많은 수사를 동원해온 까닭이다. 시쓰기의 의미를 아름답게 설명하는 것이 시를 아름답게 만들어주기라도 한다는 듯이. 시의 가치를 수식하는 것이 시를 드높여주기라도 한다는 듯이. 시에서 내려와 그것을 지켜보는 자리로 가려 했던 것이 민망해 얼굴을 붉힐 때도 있다.

주둥이는 발사체

새 식구를 맞이한 지도 육 개월이 넘어간다. 추가로 캐스팅한 새 식구는 주둥이가 긴 축이다. 얼굴이 납죽한 시추 개와 쭉 살아와선지 새 식구의 긴 주둥이가 참 낯설고 희한해 보인다. 새 식구 역시 개의 본분에 충실한 스타일로 어쩔 수 없이 산책에 열광하는데, 어찌나 빨리 바깥으로 튀어나가고 싶어하느냐면 현관문을 살짝 여는 순간, 비좁은 문틈으로 일단 주둥이부터 밀어넣는다. 뛰는 것은 또 얼마나 좋아하는지 주둥이가 앞장서 바람을 가른다. 제가 좋아하는 것에 가장 먼저 접촉하는 부위가 어디인지에 따라 그가 무엇을 주의해야 하는지 알 것 같다. 나의 발사체는 손이다. 살펴 다루지 않으면 손으로 손을 부러뜨리게 되는 날도 올 것이다.

상처를 통해 쓰기

삶이 고통이라고 말할 거라면. 행복에 눌린 자국. 행복에 짓눌려 도무지 펴지지 않는 자국. 행복에 쓸린 자국. 행복에 쓸려 딱지도 앉지 않고 오래오래 핏방울 맺히는 자국. 이 또한 상처라고 할 수 있을까. 고통과 행복만큼 구별이 어려운 문제도 없는 것 같다. 변화가 찾아오니 반갑다. 예상하지 못한 괴로운 일로 밤새 뒤척이다 벌떡 일어나 앉은 새벽. 이 마음이 무엇을 남기고 가려나 생각하니 반갑다. 이 고통을 통해 알아차리게 될 나의 어리석음이 반갑다. 어리석은 잘못과 불운한 일들이 슬그머니 흘리고 간 동전들. 눈부신 상처. 내밀한 웃음이 가슴 깊이 찰랑거린다. 고통과 행복이

별다르지 않게 되었을 때 슬픔을 이해하게 된다. 아주 맑고 빛나는 구석이 있는.

패각

산책길에 속이 빈 달팽이 등껍데기를 보았다. 강아지가 이끄는 곳으로 끌려가주었더니 나무 벤치 아래에서 죽은 새를 마주치기도 했다. 때때로 죽음은 믿을 수 없이 단정한 느낌을 준다.

점, 점, 점

점point의 수학적 정의는 '부분이 없는 것'이다. 과연 '부분이 전체인 것'과 어떤 차이가 있을지 한동안 심심풀이로 생각하곤 했다. 늘 그렇듯 생각은 엉뚱한 방향에서 길을 잃어 당초의 계획과는 무관한 곳에서 마무리된다. 내가 내린 잠정적 결론은…… 점이 아닌 것이 없다. 나에게서 '나'를 덜어낼 수 없는 것처럼. 나의 부분이 속눈썹 한 올이라곤 할 수 없는 것처럼. 그것은 나에게서 떨어져나감과 동시에 나에 대한 그 무엇도 가리킬 수 없어지기 때문에. 우주에게서 우산이끼 한 포기조차 부분으로 덜어낼 수 없는 것은 아닐까. 돌멩이 하나가 부족한 지리산을 지리산이라 할 수 없는 것은 아닐까. 나를 뺀 우주는 우주가 아니지 않을까. 모든 것이 점이 아닐까.

고양이 목에 방울 달기

예전부터 나는 우리집 고양이에게 근사한 방울 목걸이를 달아주고 싶었다. 문제는 방울 소리. 나는 청각이 매우 예민해서 소리에 대한 스트레스가 큰 편인데, 인간보다 청력이 뛰어난 고양이는 오죽할까. 투명한 사냥감을 상상하며 숨죽여 움직이는 고양이가 제 몸에서 딸랑거리는 방울 소리를 용납할 리 없다. 하지만 예쁜 방울 목걸이를 달아줄 수 있다면 흐뭇한 미소가 끊이지 않을 것 같았다. 분명 나와 같은 입장의 집사도 있을 것 같았다. 자본주의 시장이 이런 수요를 그냥 지나쳤을 리 없다. 나는 방울 속에 구슬이 없는 방울 목걸이를 찾아다녔다. 당연한 일이지만 그런 것은 어디서도 팔지 않았다.

없는 것의 없는 이유에 대해 생각하다가 픽 웃음이 났다. 내가 찾아 헤매는 것은 마치 불이 켜지지 않는 전구나 끝단이 둥근 나사못 같은. 이름과 쓸모가 따로 노는 사물이었으니까.

  시 수업을 하고 집에 돌아오면 입도 뻥끗하고 싶지 않다. 활자 한 줄 쳐다보기에도 마음 내키지 않는다. 유튜브도 보고 싶지 않고 SNS도 하고 싶지 않다. 이상한 것은 이 와중에도 내가 이야기를 원한다는 것이다. 불가분의 것을 등분하기. 언어를 통하지 않는 이야기는 어떻게 가능할까. 구슬이 없는 방울은 정말로 아무 소리도 내지 않을까. 방울 속은 텅 비어, 정말로 작고 까만 어둠일까.

9월 9일

시

8월 8일은 세계 고양이의 날이고, 9월 9일은 한국 고양이의 날이다. 지상의 모든 고양이에게 애틋한 안부와 응원을 전하고 싶다. 우리집 코숏 고양이 민지에게도.

고양이 목에 방울 달기

　너에게만 말하려고 했어. 슬픔은 목구멍 안쪽에서 열점을 기다리는 쇳물이 아니지.
　비밀은 한밤중 창문으로 날아와 고요를 톡 깨고 가는 자갈 한 톨도…… 아니지.

　나를 어를 때 엄마는 묻고 또 물었겠지. 배고프니? 아니! 잠이 오니? 아니! 아프니? 아니!
　멀리서 보글보글 다가오는 울음을 끌어안는 방식으로. 기어코 터뜨리는 방식으로. 처음 배운 말.
　얇고 투명한 발음…… 아니

　너에게만 말하고 싶었어. 대열에서 빠져나와 반대로 걸

을 때, 감미로운 바람이 분다는 거.

한 사람의 뒤통수가 줄사탕처럼 늘어나 정면으로 불어오면 아니, 나는 상쾌해.

귀여운 고양이 아니에게 선물하려고 했어. 푸른빛 방울 목걸이를.

하지만 어떤 세련된 액세서리 숍에서도 마음에 드는 걸 못 찾았지.

방울 안쪽의 구슬을 빼주실 순 없나요? 우리 아니가 깜짝깜짝 놀라요.

점원이 고개를 저을 때마다 방울 소리…… 방울 속에서 구슬 부딪히는 소리……

잉걸 속에는 불씨가 목구멍 속에는 목젖이, 자연이라면

슬픔에 대한 시는 자연에서 빠져나와 반대로 걷기 아니냐고.

슬픔은 목구멍 안쪽에서 열점을 기다리는 관악기가 아니라고. 꼭 너에게만 말하려고 했어.

귀여운 내 고양이 아니. 침대 밑, 서랍 뒤, 어둠에 고개를 집어넣으면 고요히 흔들리는 동공.

너는 말하지. 이야기가 있으면 좀 빌립시다. 그런데 속에 있는 목소리는 빼주실 수 있나요?

집사람이 깜짝깜짝 잘 놀라요. 눈으로 구하고 있다는 거.

비밀은 촛불이 아니지. 점멸의 꽁무니에서 풀려나오는 한 오라기 연기 같은……

말없이 벌어진 입을 꿰매는 거

아니냐고.

9월 10일

단
상

이웃들을 괴롭히지 않기 위하여

시끄러운 눈빛으로 말없이

여러 사람들 속에 섞여 어울릴 때, 어느 때보다 열심히 사물에게 말을 걸게 된다. 내가 얼마나 간절한 눈빛을 보내는지는 몰라도. 그럴 때 사물들이 특별한 모습을 슬며시 들켜주기도 한다.

잘 지내요?

시 읽기가 어렵다는 아이들에게 내가 가끔 하는 말은, 해석하려 하지 말고 느껴보라고 하는 것이다. 언어가 등짐처럼 지고 있는 의미를 내려놓자고. 타국으로 달아난 망명자처럼 일단 말소리부터 들어보자고. 어떤 시는 저절로 음악이 된다고. 이렇게 말하면 내가 언어의 의미 맥락을 갑갑해하는 사람으로 보일지 모르겠다. 하지만 나는 무의미로 가득한 우주의 무한을 견디지 못하는 쪽이다. 무의미의 똑딱거림 속에서 사지를 허우적거리다 금세 기진맥진해지는 쪽이다.

인간이 물위를 걷는 것보다 땅 위를 걷는 것이 더 아름다운 일이라고 생각하는 이유는 일상을 사랑하기 때문이다. 나는 일상을 너무나 좋아하기 때문에 의미가 소중하다. 죽음으로 가득찬 우주의 무의미 공간은 내가 살고 싶은 곳이 아니다. 그러므로 의미를 사랑하기 위해 무의미의 우주를 향해 휘발되어버리는 시가 필요한 게 아닐까.

우스운 말이지만 나는 타인과 안부를 주고받는 뜻 없는 인사말에도 피로감을 느낀다. 언어의 의미가 너무 중요한 나머지, "잘 지내시죠?" 물으면 "잘 지내요" 그런 대답이 즉각 돌아오는 순간 공연히 상심할 때도 있다. 그런 의식이 시작되면 원활한 사회생활에 필요한 처세 언어가 완전히 망가지고 만다. 어떻게 지내요? 질문에 골똘해진 채 속으로는 엉킨 실타래를 더 꼭꼭 잡아당기는 지경이 된다. 정말 궁금한 걸까? 어느 것을 소재로 대답해야 하지? 내 얘기를 들어줄 여유 시간은 얼마나 있는 거지?

왜 사람들은 이토록 무의미한, 정보량 제로의 말들을 의심 없이 주고받을까. 미궁에 빠져 있을 때. 시 읽기가 어렵다는 사람들에게 들려주곤 했던 나의 말을 똑같이 되돌려 받았다. 소리를 주고받는다고 생각해봐. 내용이 중요한 게 아니야. 너와 내가 목소리를 주고받으며 함께 마주친다는 것이 내용만큼 중요한 거야. 재즈 같은. 나의 리듬과 소릿값을 너의 리듬과 소릿값에 마주치게 하여 만드는 합주 같은.

내가 이해하게 된 것은 두 가지다. 시의 언어와 일상의 언어를 구사하는 방식이 별로 다르지 않다는 사실. 그리고 너무나 인간적인 나의 한계. 내가 늑대였다면. 아우-우-우-울! 주고 아우-우-우-울! 받는 것에 무슨 어려움이 있었을까.

가까스로 먹기

말린 양미리 한 마리를 삼등분해 강아지 두 마리와 고양이 한 마리에게 먹였다. 양미리 한 마리가 세 마리 동물을 기분 좋게 했다는 점에서 놀라웠다. 내가 절대로 할 수 없는 일을 양미리 한 마리가 대신하고 있다는 것을 포함하여. 가까스로 먹기. 정말이지 가까스로.

한붓그리기

담벼락 낙서는 기묘하다. 빨간색 락카를 사용해 휘갈긴 낙서라면 더욱 그렇다. 모름지기 외설스럽거나 속된 단어들이 등장하기 때문일까. 빨간색 락카로 과격하게 휘갈긴 낙서의 언어가 외설스럽거나 속된 내용이 아니라 감동적인 문장이라면. 어떤 마음으로 바라보게 될까. 불편한 느낌을 주는 외부적인 요소들(공공기물에 낙서하기, 빨간색, 락카, 악필)로 아주 서정적인 문장을 쓰고 달아나는 상상을 해보다가 정말로 실행하고 싶어졌을 때. 이웃들을 괴롭히지 않기 위하여 시에 쓰고 관뒀다. 문제는 감동적인 문장이라든가, 몹시 서정적인 한 문장 같은 걸 쓰는 능력이 나에게 없었다는 것.

혼자서 갈 수 있는 가장 먼 곳

시는 따라가기. 천사의 커다란 눈은 온몸. 목전은 나의 세계. 홀로 넘어지는 사람은 홀로 일어설 수 있는 사람. 거미줄은 새. 아이들은 노래. 우연은 시.

9월 11일

시

한붓그리기

다른 게 좋아요 친구 만나러 연남동 가는 것보다
끝없이 수증기를 놓아주는 굴뚝에게
잘가 잘가
손 흔들러 벽제 가는 길 뙤약볕 아래
맑게 타기 위해 물 한 모금 마시지 않구요

내 친구는 어디에 잠들어 있을까요

좋기도 했죠 전염병이 퍼진 텅 빈 학교 텅 빈 극장
영업 마감 이후의 백화점 같은 델
잠든 사물들 내부로 늠름하게 활보하는 거요

안녕, 입도 뻥끗 않는 의자야
잘 보렴, 물구나무 선 유리창아
나는 한 점으로 시작한단다

굶주린 시궁쥐 한 마리를 그리려면
제일 먼저 인가에 가야 하죠
가난뱅이네 말고 부잣집 곳간에서
낮에 자고 밤에 일어나기

비어 있음의 내부를 파고들려면
쌀 한 톨 뒤통수의 초점에 의지해야죠

아파트 담벼락에 빨간색 락카로 휘갈겨져 있어요
"숲길을 걷고 싶다"
분노하는
주먹 속에 더 작은 주먹을 가둔 사람 짓이죠

시에 쓴다면?
"숲길을 걷고 싶다"

짚신벌레 무늬의 피크닉 매트를 펼치고

작은 코에 작은 날숨

작은 눈에 작은 이슬

여기가 아니라 저기로 가고 싶은 우리들이 모여

작은 숲으로 사라질 게 뻔해요

나는 다른 게 좋아요

"숲길을 걷고 싶다"

사라지는 사람들이 흘린 그림자 위에

잠든 친구의 눈꺼풀 위에

쓰기

나만 알게

잠깐만 그렇게

목청을 찾는 산꾼들이 단 한 점의 꿀벌을 보고

이 숲은 세력이 좋네! 말하지만

몸을 여미려 돌아가는 길목

진짜 굶주린 시궁쥐를 마주친 나는

멈춰 있어요

독일가문비나무 나뭇가지 흔들고 와서
때죽나무 잎사귀 흔들러 온 바람이
지금 막 도착했는데

나는 펄럭이지 않아요
아직 피부가 없으므로
발끝만 풍성해요
풍덩 빠지지 못하죠

내 친구는 어디에 잠들어 있나요

9월 12일

산
문

새와 만나는 방법

 동윤을 만난 건 가을의 일이다. 언제나처럼 흰 개를 데리고 동네를 크게 한 바퀴 돌고 있었다. 그때 까치 한 마리가 낮게 날아와 흰 개의 머리를 툭 차고 다시 솟아올랐다. 흰 개는 약이 올라 껑충껑충 점프하며 까치를 쫓았고 덕분에 나도 꽁지 빠지게 뛰어야 했다. 까치는 우리 시야에서 사라지지 않은 채 바짝 낮추며 저공비행을 하다 흰 개의 머리를 한번 더 툭 쥐어박고 가기를 반복했다. 다음날에도 또 다음날에도…… 같은 골목에 들어서면 까치 한 마리가 산책중인 흰 개의 머리통을 박차고 달아났다. 지능이 높은 까마귀과 새인 까치는 특정 얼굴을 기억하기도 한다는데. 혹시 우리가 까치에게 무슨 잘못을 저지른 건 아닐까. 까치에게 짓궂게 굴다 징벌의 **뺨따귀**를 맞기도 했다는 친구의 얘기를 들은 적이 있다.

그런데 충격적이게도 까치와 옥신각신중인 흰 개가 웃고 있다는 걸 깨달았다. 코너를 돌아 다음 골목에 이르기까지. 삼백 미터쯤 되는 직선 주로에서 흰 개와 까치는 몸짓을 주고받으며 상대를 희롱하는 일로 즐거워했다. 처음 보는 새와 나의 개가 장난치며 놀고 있는 것이었다. 이 신비로운 일을 꼭 시로 써야겠다고 생각하자 나는 '그 까치'에 대해 자주 생각하게 되었다. 현실에서 벌어진 일의 순정한 힘에 비한다면 내가 무엇을 쓴다고 하더라도 어수선하고 초라한 것이 되리라는 예감만큼은 피할 수 없었으나.

나와 흰 개와 한때 교우한 이 까치에게 붙인 이름은 동윤이다. 수리를 위해 들어올려진 자동차 하부에서 포로로 걸어나오는 모습을 본 적이 있는데, 카센터 이름이 '동윤 카공업사'였기 때문이다. 이후 나는 이 경쾌한 마주침에 대해 시를 썼다. 아니, 쓰지 못했다. 까치에게 이름을 지어 부른 일로부터 인간의 특성을 동물에게 전용하는 일, 이미지를 쌓아 덧입히는 일, 깨달음을 짜내는 일이 못마땅했는데, 그것을 금지하고라면 무엇을 쓸 수 있을지 막막했다. 세계가 펼쳐 보이는 아름다운 순간들을 게걸스럽게 먹어 치우는 포식자처럼 시 쓰고 싶지 않았다. 돌려줘야 한다고 생각했다. 까치에게 동윤이라는 이름을 지어 빼앗아온 그것을. 돌려줘야 한다고.

  시를 쓰고 난 후 동윤에 대해 더 많은 것을 알게 되었다. 동윤이 먼저 낌새를 보이지 않는다면 "어떤 새가 동윤인지 나로선 알 수 없다"고 썼지만(그러므로 동윤이 주동적인 위치를 점하고 있다는 듯이 썼지만) 동윤의 한쪽 발목에 은색 링이 채워져 있는 걸 발견하게 된 것이다. 또, 동윤과 반갑게 인사하며 말을 건네는 아주머니로부터 전해 들은 몇 가지 사실은 이렇다. 동윤은 날개를 다친 까치였다. 인근 주민이 동윤을 발견해 집으로 데려가 치료했다. 동윤은 회복을 마칠 때까지 구조자의 집에서 지냈다. 구조자는 건강을 되찾은 동윤을 창밖에 풀어주려다 문득 동윤을 다시는 볼 수 없을 거라는 사실을 떠올렸다. 무심히 마주치는 까치들 가운데 누가 잠시 인연을 맺었던 그인지 알아볼 수 없을 테니까. 구조자는 동윤의 발목에 은색 링을 채웠다. 그리고 동윤은 구조자의 집이 있는 그 골목을 벗어나지 않고 지낸다는 것이다.

밤샘 원고를 쓰고 이른 아침 시간 혼자 산책을 나섰다가 동윤을 만났다. 동윤은 영업 시작 전 식당의 야외 테이블에 앉아 있었다. 동윤을 바라보고 있는 사람은 나 말고도 더 있었다. 고등학교 교복 차림의 여자아이가 등굣길에 멈추어 서서 동윤을 물끄러미 바라보고 있었다. 나는 그에게 이 까치를 아느냐고 물었다.(너무 이상한 질문이다.) 그는 나의 질문에 크게 황당해하며 모른다고 대답했다. 나는 혹시 동윤이 내 어깨에 올라와줄까 싶어 손가락을 쭉 뻗었다가 부리에 깨물리고 말았다.

돌려줄 것이 있을까. 하지만 빼앗긴 적이 없는 동윤에게 무엇을 돌려준단 말이지? 나는 자주 새를 본다. 아파트 정원수 주목에서 딱새를 본 적도 있고 동네 근린공원에서 후투티를 본 적도 있다. 어제는 놀이터 근처에서 참새들이 작은 모래 웅덩이를 파고 차례차례 모래 목욕을 하는 것도 보았다. 하지만 새를 만난 것은 동윤이 처음이었다.

9월 13일

시

동윤에게서 동윤 뺏기

시에게 말해도 될까 그냥 그런 일이 있었다고
바꿔 말해도 될까 그런 일은 일어나지 않았다고

하얀 개를 데리고 산책할 뿐이라고
동윤 카센터 앞을 지나갈 뿐이라고

말해도 될까
까치 한 마리가 우릴 따라오고 있었다고 조금 더 말하면
시에서 시를 꺼내올 수 있을까

하얀 개가 까치에게 올라타며
까치가 하얀 개에게 올라타며

우리에겐 날개까지 있답니다 뽐내는 것처럼
지표면 위로 푸드닥 푸드닥 올라서는 것처럼

나는 엉거주춤 보고만 있었다고 그렇게만 말해도

될까 너그러운 약속을 하고
매일 까치와 하얀 개가 나와 걸어주었다고

하얀 개를 데리고 지나가면
리프트에 들어올려진 자동차 밑에서
까치가 통통통 마중 나왔다고

시에서 시를 덜어낼 수 있을까
하얀 개와 적당히 걷다가 놀다가
새처럼 돌아갔노라고 그렇게만 말하면

이런 걸 시에 써도 될까 까다로운 수수께끼 없이
티브이 동물농장에나

세상에 이런 일이에나 나올 법한 일을 써도 되는 걸까

그러나
공중을 떠다니는 거룻배들 중에
어떤 새가 동윤인지 나로선 알 수 없다고

하얀 개의 마음마저 알 수 없어 더 좋다고 말한다면

풍경에서 풍경만 남길 수 있을까

걷다가 놀다가 돌아가기만 해도 될까
시에게 말도 없이 돌아가도 될까

9월 14일

읽
기

십 년 전 가을. 첫 시집 『온갖 것들의 낮』의 실물이 당도했다. 10월 1일이었다. 십 년 전 9월에는 기다림에 지쳐 기진맥진했다. 한동안 돌이킬 수 없는 일을 엎질렀다는 생각으로 우울하고 초조하게 보냈던 것도 같다. 고향 생각은 고향을 떠나서만 작동하는 것처럼. 이제는 내 책의 독자가 될 수 있을지도 모르겠다. 지나치게 모질지도 과도하게 온정적이지도 않은 정확한 독자. 쉽지 않은 일이었다. 겨우 겉핥기만 가능하다면 겉을 열심히 뜯어볼 일이었다.

일보 직전의 말들
| 나의 첫 시집 『온갖 것들의 낮』 읽기 |

 아무도 밟지 않은 길. 백지상태. 티끌 하나 더하지 않은 흰 벌판 위에서. 시작한다. 고양이가. 고양이의 앞과 뒤가. 고양이의 왼쪽과 오른쪽이. 차례차례 무늬를 띄우며. 따라간다. 조금 더 작은 고양이가. 조금 전 고양이의 발자국에 발바닥을 포개며. 따라간다. 그리고 인간이. 고양이와 조금 더 작은 고양이가 지나간 무늬 위로. 넘친다. 인간의 왼쪽과 오른쪽이. 넘친다. 네 발 사이에서 두 발이. 흔들린다. 춤. 춤. 춤.

 새벽길을 나서는 고양이가 앞선 고양이의 발자국이 찍힌 자리만 골라 걷는 것을 본다. 그뒤를 따라 이르게 출근하는 사람들의, 학교 가는 어린이들의, 발자국. 발자국이 발자국을 넘어서며 길이 태어나는 것을 본다. 겹치고 포개고 넘치고 빗나가는 발자국의 궤적이 짜놓은 아라베스크를 본다. 내가 목격한 이 풍경을 문체에 비유할 수 있을까마는. 떨칠 수가 없으므로 적는다. 백지 위에 엎지른다. 실수처럼 이렇게. 먼저 출발시킨다. 따라가는 것이 있으리라 기대하면서. 우연을 믿으면서. 돌연을 던지면서.

 문체가 직물이라면. 작가의 어깨에 걸친 직물이 아니라 텍스트의 영혼에 걸친 직물이라면. 직물의 패턴을 들여다보는 일은 읽기를 통한 즉각적인 소득과 별개로 이루어진다. 나 역시 읽기의 소득을 내용 파악쯤으로 오해하는 일이 잦지 않았나. 그런데 영혼은 내용이 없으므로, 직물의 패턴을 들여다보는 것이 텍스트 너머를 바라보게 한다면. 이 언어 더미들이 향하는 곳, 눈으로는 볼 수 없는 도착처를 가늠하게 한다면. 갑작스럽게 빠진 첫 코의 자리를 만져보기. 첫 코가 꿰뚫고 간 야생의 생태통로에 무엇이 뒤따르는지 살펴보기. 무엇들이 뒤따르며 무늬를 짜는지 지켜보기. 가까이서 또 멀리서. 내용이 아닌 직물의 패턴을 본다면 어떨까.

고민 끝에 첫 시집 『온갖 것들의 낮』을 펼쳐보기로 했다. 좀 민망한 일이 될 수도 있겠는데 2015년 가을에 출간되어 얼추 십 년이 된 이 책은, 타인의 책이라 해도 손색없을 만큼 낯설다. 십 년 전 9월, 첫 시집을 맞닥뜨릴 채비를 하고 있었다. 들킬 각오중이었다. 나는 간략한 자기소개에도 지나칠 정도로 골치를 썩는 편이며 내가 쓰고 있는 시에 대해 이렇다 할 시작법이나 문학적 기준도 따로 두지 않으니, 누구보다 나의 시에 대해 좀 안다고 말할 형편도 못 된다. 그러니 지금부터 덤벼보려는 이 일이 자기소개쯤으로 비치지 않기만을 바란다. 다만 첫 시집을 뜯어보는 일을 끝마쳤을 때, 내 안에서 백지 위로 첫발을 내디딘 빅풋의 정체를 추측할 수 있게 된다면 좋겠다.

빅풋이라 이른 이유를 밝혀두건대 보폭이 너무 넓게 벌어져 있어 이것을 무늬로 바라보는 일이 가당키나 할지 모르겠다는 두려움이 앞서서다. 으레 작가들이 그렇듯 일단 늘어놓고 보는 엄살이기를 바랄 수밖에. 그렇게 시작한다. 고양이가. 고양이의 앞과 뒤가. 고양이의 왼쪽과 오른쪽이. 차례차례 무늬를 띄우며. 따라간다. 조금 더 작은 고양이가……

(나는 이미지의 간섭을 통제할 재간이 없고, 리듬 안에서 저절로 생성되는 언어들을 허겁지겁 따라가는 쓰기를 좋아한다. 네 발 사이에서 두 발이 흔들리는. 춤. 춤. 춤.)

*

전반적인 모양과 형식[1]

문장은 왼쪽에서 오른쪽으로, 위에서 아래로 전개되는 기본적인 글쓰기 규범을 따른다. 한 편의 시를 제외하고는 모두 연과 연 사이를 한 줄 비웠다. 모든 제목은 시 본문의 상단 왼쪽에 있다. 아마도 우리가 시라고 부르는 가장 일반적인 모양. 미루어볼 때 이 시집의 시편들은 시의 형태에 있어 별다른 관심을 두지 않으며, 시의 형태에 고유한 무엇이 있다고 생각하지 않는다는 뜻을 비치고 있다.

산문시가 한 편도 없다는 것이 외려 특징이라면 특징이

---

1) 형식에 관한 대략의 아이디어는 리디아 데이비스의 『불안의 변이』(봄날의 책, 2023)에 수록된 「보고 싶다: 4학년 어느 반 학생들의 위문편지 연구」를 참조했다.

겠는데, 길이 또한 수록된 시 55편 중 시집 판형 내 두 페이지를 초과하는 시가 한 편도 없다. 평균적으로 5연 17행의 기본 틀(한 연은 평균 3.4행)을 가지고 있으며 한 행의 길이 또한 길지 않다. 이러한 길이는 누구에겐 부족하고 누구에겐 넘칠 것이다. 물론 시의 물리적인 분량이 문체적 특징이 될 수는 없다는 것을 안다. 그러나 한 행만으로 읽는 사람의 머리를 쩍 쪼개는 일을, 쪼개진 마음을 매끈하게 봉합하는 일을, 시는 욕망한다. 생활에 시달리느라 마음껏 책상에 붙잡혀줄 수 없으므로 시는 단숨에 타진하려 한다. 하염없이 흐르고 집요하게 침잠하는 호흡이 불가능하다. 욕망과 불능 사이에서 형식이 결정된다. 뿔뿔이 달아나는 이미지의 틈새를 부드럽게 그러쥐지 못하므로, 분절된 이미지들이 의미를 이루지 않은 채 엉거주춤 기대어 있다. 그리고 텍스트 위에 걸친 직물은 그것을 훤히 드러내고 있다.

사용 빈도가 높은 낱말들—검은, 나, 나무, 얼굴

시집에 수록된 55편의 시 전문을 온라인 문장 카운터에 넣고 많이 사용된 낱말들을 확인해보았다. 가장 많이 사용된 낱말은 역시나 '나'다. 시는 때때로 독백의 양식을 빌리더라도 독백보다 고백에 가까운 것이라는 사실을 새삼스레 확인한다. 혼잣말이었다면 '나'라는 주어는 생략되었을 터다.

시인 김수영은 산문 「가장 아름다운 우리말 열 개」에서 마수걸이, 에누리, 색주가, 은근짜, 군것질, 총채, 글방, 서산대, 벼룻돌, 부싯돌을 아름다운 말들로 고른 바 있다. 시집의 시편들이 어떤 낱말을 자주 사용하는지를 확인하는 일과 작가가 어떤 낱말을 아름답게 여기는지는 어쩌면 아주 다른 일일지 모른다. 하지만 정말 다를까. 김수영은 어린 시절 상인 아버지와 장사꾼들이 나누던 대화에서 앞서 열거한 상인들의 토착어를 엿들었다고 한다. (나는 동화책에서 '삭정이'라는 단어를 처음 알고, 언어가 가리키는 정확한 의미에는 캄캄한 채 어감에만 매혹되었던 어린 시절을 기억한다) 이 아름다움은 어디에서 오는가. 정확한 뜻에 닿기 전, 뉘앙스만으로 전해지는 풍부한 신비감. 선명하게 알 수 없는 것에 대한 희미한 두려움. 이것이 말의 힘이라면. 이것이야말로 시인들이 자주 사용하는 언어 아닌가.

검은색, 나, 나무, 얼굴…… 이 낱말들이 일상적인 뜻보다 풍성한 느낌을 운반할 수 있다고, 시는 암시한다. 검은색, 나, 나무, 얼굴……에서 일상의 차원이 들여다보지 못한 이미지가 활짝 튀어나올 수 있다고, 시는 암시한다. 검은색 안에 노란색, 나 안에 너, 나무 안에 호랑이, 얼굴 안에 칼…… 배태된 것들을 꺼내볼 수 있다고, 시는 시도한다(나는 실패한다).

문장부호

마침표(0회)나 따옴표(0회) 등과 같은 문어적 문장부호를 전혀 사용하지 않아, 구어적 느낌을 전달하는 물음표의 사용(9회)이 상대적으로 눈에 띄었다. 시적 사유를 간접적으로 드러내고자 할 때 사용하는 의문문과는 차이가 있으며, "난 당신의 취향이 아니죠?"(「일주일」)처럼 청자의 반응을 직접적으로 구하는 구어 문장에만 물음표를 사용하고 있다. 불쑥 바깥으로 나가고자 한다.

청유—텍스트 바깥으로 삐져나오기

물음표 사용에 이어 시집에는 특정할 수 없는 대상을 향해 무언갈 요청하는 진술들이 돌부리처럼 군데군데 불거져 있다. 예컨대 "죽더라도 죽지 마라"(「시작은 코스모스」) "천천히 말을 해"(「내일의 처세술」) "우리는 찢을 수 있어"(「하루종일 반복할 수 있는 일에 대한 목록」) "한밤중에 모일 것"(「오래된 오렌지」) "숨죽여 웃어라/크게 울어라"(「큰 소리로 울어라」)처럼.

이 청유의 언어들은 텍스트 내부의 타자를 향하기보다는 텍스트 바깥에 위치한, 현실의 독자를 향해 예고 없이 날아간다. 텍스트 내부에 시적 정황이라 일컬을 만한 구체적 무대가 노출되어 있지 않고, 설령 구체적 무대가 제시되어 있다고 하더라도 시간과 공간을 조각내 섞어놓았으므로 작품 내부의 세계가 또렷이 구별되지 않기 때문이다. 작품 내부 세계에 살고 있는 누군가에게 청하는 말로 들리는 것이 아닌, 작품 바깥의 독자에게 불쑥 침범하는 것. 배우가 문득 카메라를 똑바로 응시하며 관객에게 말을 거는 것과 같이. 제4의 벽은 처음부터 없다는 듯이. 시는 안전한 위치에서의 감상을 허락하지 않으려 한다.

'나' 자리 없음

선언적 어조에 가까워 보이는 화자의 자기긍정 진술구도 자주 포착된다. "다 할 수 있으면서/아무것도 하지 않는 내가 좋다"(「내일의 처세술」)라거나, "나에 대한 가장 아름다운 정의를 내리려고"(「생각의자」) 등 시적 주체를 긍정하는 진술을 문득문득 내보이지만, 이 역시 작품 내 특정 조건으로 조율된 개개 화자의 목소리로는 감각되지 않는다. 시집의 화자들은 대체로 주어 '나'의 자리에 출현해 별다른 객관적 정보를 주지 않은 채로 무의식 공간과도 같은 무대를 내내 떠돈다. 그러므로 화자의 자기 긍정에는 현실적 개별 존재인 '자기'가 없고, 시적 세계는 '나'로 가득차, 결국 '나'가 사라진다. 자기 인식이 생기기 전까지 아기가 엄마의 신체를 자기 것으로 아는 것을 떠올려보면, 첫 시집의 수치심은 피할 도리가 없다.

동사들

「시작은 코스모스」는 시집을 여는 시다. 시에서 서술어로 활용된 동사들만 꺼내어 이어보면 "솟구쳐—매달리면—곤두박질" 친다. 익스트림 스포츠를 방불케 하는 활약이다.

화자는 무의식 공간을 종횡무진 움직인다. 시인은 솟구치고 매달리고 곤두박질치기를 욕망하고, 시인의 욕망은 좌절된다. 이 좌절된 욕망이 팽팽히 모여 내지른 주먹이 창호지를 뚫듯 시집 바깥의 독자에게 말을 건넨다. 시라는 울타리를 완전히 망각하고야 만다.

*

음…… 문득 따라가던 발자국이 끊어지면 생각에 잠긴다. 새였을까? 어디로 갔을까?

시의 활자는 일보 직전의 궤적만을 보여준다. 일보 직후는 행간에, 여백에, 독자(청자)에게 넘겨준다. 드러난 세계보다 드러나지 않은 세계에 시의 내용이 있다고 한다면, 무엇을 시의 문체라고 말할 수 있을까. 나는 다만 헤매어보았다.

9월 15일

자전 산문

호랑이 뱃속 구경

*

집, 이야기를 하지 않을 수 없다. 가까스로 집 이야기만 할 수 있지 않을까.

나는 인천에서 태어나 이사를 다닌 일조차 전무하다시피 인천을 벗어나지 않고 한곳에서 살았다. 그곳을 떠나온 지 이제 겨우 오 년. 기억에 관해 거의 빈털터리 같은 기분이 드는 이유는 아마 이것일 테다. 과거라는 반죽덩어리에서 기억을 하나씩 떼어내기 위해서는 공간이 개별적으로 인식되어야 하는데, 내 과거의 시야는 대부분 같은 풍경을 향해 열려 있다. 빈사에 놓인 나를 흔들어보려 가끔 이곳저곳 나서기도 했으나 아무래도 내가 모험가 타입은 아닌 것 같다.

　그래서인지 나의 시간 감각은 누군가의 집을 단위로 작동한다. 할머니의 시골집.

　나는 할아버지의 죽음을 머리로는 잘 이해하면서도 마음으로는 전혀 알지 못했다. 마당에 전에 없던 멍석이 깔려 있었고, 할아버지 방에 본 적 없는 병풍이 쳐져 있었다. 엄마는 저 병풍 뒤에 할아버지의 시신이 모셔져 있다고 사소한 핀잔을 주었지만, 그게 왜 얌전히 굴어야 하는 이유가 되는지는 와닿지 않았다. 한두 살 터울의 친척 동생들과 맨발로 멍석 위를 뛰어다녔다. 술래잡기 같은 걸 했던 것 같다. 잡힐 듯 잡히지 않는 친척 동생들의 옷소매가 손끝으로 아슬아슬 비껴나던 기억. 할머니의 시골집에 가면 나는 아직도 흔들리는 동생들의 옷소매가 떠오른다. 와류渦流에 하늘거리던 우리들의 가벼운 몸피. 몸으로 하는 놀이라면 시큰둥하던 내가, 무슨 이유에선지 그때의 술래잡기를 아주 즐겁게 간직하고 있다. 신나게 뛰노는 우리들에게, 어른들이 별다른 주의를 주지 않았다는 점 또한 내내 의미심장하게 남아 무언가를 깨닫게 해준다.

*

삼십 년 이상을 살았던 우리집.

나중에야 듣게 된 사실이지만, 엄마는 초등학교 배정 문제로 오빠와 나를 위장전입시켰다. 다니게 된 초등학교는 인접한 대단지 아파트 아이들의 학교였다. 알음알음으로 이 학교 아이들이 온순하고 공부를 잘 한다는 소리를 듣게 된 엄마는, 나 역시 온순하고 공부 잘하는 아이로 자랄 수 있으리라 믿었던 모양이다. 오빠가 엄마의 희망 사항을 충족시켜주었던 것과 반대로, 나는 그렇지 않았다. 엄마는 왜 왕복 사십 분이나 걸어야 하는 학교에 다녀야만 하는지, 여덟 살 어린이에게 자신의 은근한 야심을 설명해주지 않았다. 내 입장에서도 학교에 가야 할 나이가 되어 배정받은 학교에 갈 뿐인, 별로 복잡할 게 없는 문제였다.

매일 골목길과 샛길, 사람이 다니지 못하도록 울타리를 쳐놓은 낡은 상가들의 틈새를 생쥐처럼 파고들었다. 어린 나이에 다니긴 버거운 거리였음에도 나는 등하굣길을 좋아했다. 걷는 구간과 뛰는 구간, 납죽 기어야 하는 울타리와 훌쩍 넘어야 하는 시멘트 담장이 차례차례 눈앞에 펼쳐지는 데에서 상쾌한 재미를 느꼈던 것 같다. 그러나 얼마 지나지 않아 학교와 집을 오가는 재미는 은밀하고 복잡한 마음으로 기울어갔다. 학교에서 분기별로 실시하는 실거주지 조사 때문이었다. 방식은 이러했다. 학교의 아이들은 대부분 인접 아파트의 1단지부터 4단지까지에 모여 살았으므로, 몇 동부터 몇 동까지를 불러주면 그곳에 사는 아이들이 거수하는 방식이었다.

이토록 간단한 호구조사가 나에게 불러온 파장은 엄청났다. 순식간에 집을 잃어버리고 말았다. 나는 학교에서 우리 집까지 가는 길이 몇 갈래나 되는지, 가장 빠른 지름길부터 더 흥미진진한 길까지 낱낱이 활용할 줄 알았다. 작은 사거리의 삼천리 자전거포를 지나 붉은 굴뚝의 부림목욕탕 옆길로 들어서면 롤러스케이트를 타기에 알맞은 얕은 경사로가 길게 펼쳐지고, 담배꽁초들이 어린 봉분처럼 솟아오른 작은 공터를 끼고 돌면 식당과 주점들이 즐비한 먹자골목이었다. 이 쾌활한 장면들을 모두 거치고 나면 분명한 인과처럼 우리집이 보였다. 나는 이 거리의 생동감과 어울리는 아이였다. 그러나 선생님이 불러주는 아파트 동 번호 구간에는 우리집이 없었으므로 일순간 대혼란에 빠졌다. 나의 집을 어디라고 해야 할까. 그러나 무슨 이유에서인지 이 당혹스러운 상황에 대해 선생님에게도 엄마에게도 묻지 않았다. 비밀에 부쳐야 할 것 같았다.

나는 지금도 처세에 약하다. 회오리치는 의혹의 소용돌이 속에서, 터질 듯한 뒤죽박죽의 박동 속에서, 팽팽한 사물처럼 버티고 있을 뿐이다. 온전히 받아들일 수 있을 때까지. 스스로 해석할 수 있을 때까지. 이런 습성이 비약과 오독의 세계로 나를 데려간 것이라고 그래서 내가 시를 쓰게 된 것이라고 말할 수는 없겠지. 다만 나는 공기의 저항으로 날아오르는 새처럼, 내가 어떤 저항을 통해서만 움직일 수 있다는 사실 하나를 이해했다. 가장 많은 아이가 손드는 구간에서 따라 손을 들고, 반가운 얼굴로 몇 동에 사냐고 물어오는 친구들에겐 묵묵히 웃어주었다. 때때로 집에 같이 가자고 청해오는 아이가 있으면 이런저런 핑계로 적당히 둘

러댔다.

 지근거리에 위치한 각자의 집으로 돌아가는 친구들 무리를 홀연히 빠져나오면서, 나는 하굣길이 이전과 확연히 다르다는 것을 느꼈다. 얇은 얼음장 위를 지나가는 것처럼 조심스러웠고, 내 발바닥의 흡반이 보도블록에 너무 강하게 달라붙었다 떨어지는 탓에 발소리가 멀리까지 울리는 것 같았다. 온순하고 공부 잘하는 아이로 키우겠다는 엄마의 비장한 각오를 떠올리면 지금도 웃음이 난다. 나는 친구들과 담백하게 사귀는 방법을 잘 모르는, 언제나 중요한 한 가지를 감추기 위해 생각이 너무 많고 긴장을 놓지 못하는 아이가 되었을 뿐이다. 그러나 잘 관리된 아파트 단지를 빠져나와 초입에서부터 허름한 생활감을 짙게 풍기는 빌라촌으로 들어서는 일이 내심 우울하기만 했던 것은 아니다. 나는 분명 미묘한 활기와 즐거움도 동시에 느꼈다.

 여덟 살 아이들은 단짝 친구를 만들기 위해 서로의 집에 왕래하는 일이 많았다. 나 역시 몇 번쯤 반 친구의 생일파티에 초대되기도 했고, 같이 숙제를 하자며 자신의 집에 불러준 친구도 있었다. 나는 늘 주저했다. 친구의 집에 들어서는 일은 나로선 감당하기 어려운 압박감이 따르는 일이었다. 친구의 집은 이상하기 때문이다. 타인의 집은 정말로 이상하다. 잠자고 씻고 먹는 사적인 공간. 깊은 잠을 자는 동안 흘린 땀자국이 노랗게 얼룩진 베갯잇의 공간. 쉬어 꼬부라진 밑반찬이 천천히 말라붙어가는 공간. 벌거벗은 몸에서 떨어진 체모가 은근슬쩍 떨어져 발견되는 공간. 가장 가깝기 때문에 가장 깊숙이 찌를 수 있는 사람들이 싸우는 공간. 병들고 다친 몸을 눕혀놓고 밤새 앓는 공간. 집은 그런 공간이므로. 내 친구의 집은 내가 모르는 친구의 집이다. 당시 내가 어떤 공간에 깃든 희비극을 읽어낼 만큼 관찰력이 남다른 어린이는 아니었지만, 친구 집에 놓인 사물들의 순간적인 웅크림을 느낄 수는 있었다. 미모사처럼, 내 곁눈질에 움츠러드는 사물들의 재빠른 변화. 나 역시 친구의 공간에 놓인 사물들과 눈이 마주치는 순간, 피부를 얕게 베이는 것처럼 긴장하긴 마찬가지였다. 공간이 감추지 못하는 친구의 사적인 정보들을 애써 외면하려 노력했다.

내 친구의 집은 여기인가. 그렇다면 나의 집은 어디라고 해야 할까.

 고학년이 되어갈수록 비슷한 처지에 속한 아이들도 얼마간 있다는 것을 차차 알게 되었고, 주로 그 아이들과 어울려 다녔다. 과장된 표현이라 할지라도 우리들은 엄밀히 외지인이었다. 학창 시절을 통틀어 딱 세 번 뿐인 일이었지만, 나 역시 좋아하는 친구가 생기면 마음을 고백하는 것을 대신해 우리집에 데려가곤 했다. 부끄러움과 긴장감을 잔뜩 떠안고 현관문을 열었을 때…… 친구의 등뒤로 부옇게 한낮의 먼지가 피어올랐다. 큰 짐승의 뱃속에 들어선 것처럼 나는 홀로 어두워져 있었다. 그때 큰 숨을 들이마시며 편안한 얼굴로 친구가 말했다. 너희 집에서 네 살냄새 난다. 우리집에서 내 냄새가 난다는 것. 속이 캄캄한, 이 커다란 짐승의 뱃속에서 내 살냄새가 난다는 것. 친구의 표정에 깊은 안도감을 느꼈음에도, 나는 나의 안쪽에 또다시 내가 들어서 있다는 것이 기쁘게 받아들여지진 않았다.

*

 민담 『호랑이 뱃속 구경』은 가장 작은 사람이 호랑이 뱃

속으로 들어가는 이야기. 호랑이의 어두운 위장 속에서 군불을 지펴 위험을 살피고, 허기가 지면 호랑이의 살점을 떼어먹고, 호랑이가 움직이는 대로 옮겨지다가 무사히 똥구멍으로 빠져나오게 된, 가장 작은 사람의 이야기. 내가 나의 두 발로 걸어 움직이는 것이 아니라 어떤 대상에 오롯이 몰입하는 것으로 대상의 움직임에 완전히 속하게 되는 이야기. 그런 일을 안다. 시를 쓰는 동안에 내게 벌어지는 일이다.

고등학교 문예반에 들어간 것이 계기가 되어 이후로는 나름대로 꾸준히 시를 썼다. 외부에서 열리는 백일장은 문예부원들만 참가할 수 있도록 허가해주었기 때문에 진득하니 앉아 있는 것을 좋아하지 않았던 내게 문예반이 적격이었다. 나는 초중고 내내 극렬한 사춘기를 앓고 있었다. 말수가 많은 편은 아니었지만 펄펄 끓는 주전자처럼 가슴이 늘 들썩였고, 시를 쓰고 나면 마음이 며칠은 깨끗했다.

학교생활에는 별다른 관심이 없었어도 시를 쓰는 동안에는 주어진 시간에 성실히 임하고 있다는 안심이 들었다. 오월에 열린 한 대학 백일장의 시제는 장미였다. 나는 흰 종이 앞에 앉아 끙끙거렸다. 마침 내 방 창밖으로 보이는 작은 화단에 장미 나무 한 그루가 심겨 있었다. 하지만 그 장미를 어떻게 써봐야겠다는 계획이 통 서질 않았다. 나는 내 방 창밖 풍경을 싫어했다. 창밖을 오가는 사람들의 전신이 약간 올려다보이는 반지하의 창문. 야심한 밤이면 으슥한 골목을 어슬렁거리던 백수건달들이 꽁초를 던지고 가는 나의 창문. 그 배경으로 서 있는 나무가 장미 나무였다. 먼지를 뒤집어쓴 꽃잎들의 희붐한 빛깔은 예쁘지 않았다. 그저 사계절이 드나들고 적당한 주기로 비가 와주는 것만으로도, 아무도 관리하지 않는 화단에 꽃이 핀다는 사실이 생명에 대한 실감을 미약하게 일깨웠을 뿐이었다. 담배꽁초가 처박혀 있는 땅에서도 여린 잡풀들이 일어섰다. 보이는 것 너머에 보이지 않는 세계가 굽힘 없이 맞서고 있었다. 하지만 이 장미 나무에 대해 쓰려니 어쩐지 내 생활이 너무 드러나는 것만 같아 견딜 수 없이 창피했다. 반대로 탐스럽고 아름다운 오월의 장미에 대해서라면 더욱 아무것도 쓸 수 없었다. 시간에 쫓기던 내가 어떤 결심을 했던 것 같은데⋯⋯ 어차피 면식 없는 심사위원들이나 읽게 될 거 아닌가. 그런 생각이었을 것이다.

  내 방 창밖으로 보이는 사람들의 밑동, 장미나무의 밑동, 나와 눈 맞추는 밑동들에 대해 썼다. 나의 집은 어디라고 해야 할까. 우리집으로 이렇게 많은 사람을 한꺼번에 초대해본 적이 없었다. 나는 나를 꽉 움켜쥐고 있던 무언가로부터 서서히 풀려나고 있음을 느꼈다.

  마주하기 힘든 것을 마주해야 할 때. 그에게 잡아먹히기, 아주 작은 사람이 되어. 그의 내부로 들어가 불을 켜고, 그를 먹고, 그에 의해 움직이기. 어떤 것을 선명하게 이해하게 된 것만 같았다. 그게 꼭 시에 관한 것은 아니었을지라도. 내가 언어로 회복될 수 있다는 것을.

  잠이 많지 않아서 잠든 사람의 얼굴을 많이 보았다. 대학 시절 왕복 네 시간이 걸리는 집에 들어가기 힘들어 친구들의 자취방에서 신세 지는 날에도, 수학여행이나 엠티를 가서도, 혼자 밤을 새거나 홀로 일찍 깨어 새벽 창밖을 바라보는 일이 많았다. 직장생활을 하던 때에는 지하철이나 버스에서 완전히 곯아떨어진 모르는 사람들의 느슨한 얼굴들을 보면서, 죽음과는 또다른, 살아 있는 얼굴의 깊은 적막감을 맛보기도 했다. 그것이 아니었더라면 나는 이만큼씩이나 사회에 적응하는 사람이 아니었을 것이다. 잠든 얼굴들의 집을 상상하면서, 그들의 호랑이를 상상하면서, 나와 어떻게 해도 연결되지 않는 대상들을 이해하고 사랑하는 방법을 배웠다. 시를 쓰지 않았더라면 고통 속에 매우 고요하고 맑은 상태가 있다는 것은 몰랐을 것 같다.

나에게는 네 권의 시집이 있고, 이것을 쓰는 동안 나는 분명 어딘가로 옮겨졌다. 그러고는 돌연 똥구멍으로 빠져나왔다. 움직인다는 것은 좋은 것이다. 살아 있다는 것이니까. 살아 있다는 것은 좋은 것이다. 움직일 수 있다는 것이니까.

남들은 어떤지 모르겠지만 나는 과거를 잘 떠올리지 않는 편이다. 지나간 일을 곱씹는 일도 후회하는 일도 그리워하는 일도 딱히 없다. 대부분 현재 당면한 사소한 의혹에 사로잡혀 있기 때문에 시간 감각도 맹하다. 그럼에도 나에게

삶에 대한 정의를 물어온다면 과거가 남긴 흔적에 현재를 맞대어보는 일이라고 대답할 것 같다. 내가 세포들을 한데 꿰어둔 자루에 불과하다 하더라도, 나의 가장 작은 구성단위인 세포 하나하나에 과거의 사건들이 기록되어 있을 테니까. 그리고 단 한 번도 갈아끼운 적 없는 이 몸을 통해 내내 살아가고 있으므로. 나는 기억더미다.

 아직 쓰지 않은 오늘의 시는 이런 방식으로 오지 않을까. 과거가 남긴 시에 현재를 맞대어보면서. 한 줄 한 줄 풀려 오는 것은 아닐까.

9월 16일

산
문

새와 나 사이

 내가 사는 동네가 마음에 드는 이유에는 여러 가지가 있다. 그중 나의 마음을 가장 확실하게 사로잡은 것은 새들. 창밖 어디에 눈을 두어도 쉽게 관찰할 수 있는 새들 덕분이다.

 대부분의 건물이 낮고 나무가 많은데다 오직 잔디와 넝쿨, 푸나무들로 구성된 공터가 사이사이에 많다는 것. 벌레가 많다는 뜻이다. 도시 내부에 이만한 새들의 곡창지대는 없을 것이다. 사층짜리 공동주택 건물들의 꼭대기는 편평한 옥상으로 설계되어 있지 않고 사람이 출입할 수 없는 경사진 지붕으로 덮여 있는데, 이 역시 새들이 몰려다니기에 더할 나위 없는 조건이 아닐까.

실제로 이 동네로 이사 온 후 휴대폰을 붙잡고 이것저것 들쑤시는 시간이 줄었다. 당연한 일이다. 겨우 손바닥만한 면적의 휴대폰을 들여다보고 있을 이유가 딱히 없었다. 창밖을 바라보는 편이 훨씬 더 흥미진진하기 때문이다. 지난가을, 월동지로 향하는 철새들이 시시때때로 띄워놓는 검은 건반을 바라보는 일은 큰 즐거움이었다.

누군가는 심드렁할 것이다. 새들이 날아와 앉고 다시 날아가는 걸 보는 게 그렇게까지 재미있는 일이냐고. 정말 그럴까. 며칠 전 집에 놀러 온 친구가 창밖에 드리운 옆 건물의 지붕을 가리키며 이렇게 외쳤다. 저기 흰 비둘기가 회의를 주재하고 있어!

흰 모자를 쓴 조합장을 중심으로 회색 모자를 쓴 조합원 열 마리가 공동체 운영안을 경청하고 있었다. 그 비장하고 엄숙한 분위기는 우리까지 덩달아 숨죽이게 했다. 잠시 후 그들은 한순간에 날아가고 오간데 없다가 다시 회의 참석 인원의 삼 분의 일 정도가 지붕 위로 날아와 간부회의를 추가 진행한 뒤 날아갔다.

이건 당연히 나의 우스꽝스러운 해석이다. 나는 비둘기 생태학이나 행동학 따위에 무지하므로 그들이 왜 그렇게 날아와 왜 그렇게 모였다가 또 그렇게 가버리는지 전혀 알 수 없다. 그런데 이 알 수 없음이 재미있다. 상상하게 하고 추측하게 하며 무릎을 치게 했다가 종국에는 바보로 만드니까.

우리가 단순함에 매료되는 이유는 세계가 너무나도 복잡하기 때문일까. 그리고 우리가 단순하게 재단된 질서에 몸과 영혼을 편안히 끼워 맞출 때쯤, 우리의 넋을 도로 빼놓기 위해 세계는 다시 복잡함을 꺼내놓는 것이 아닐까. 나는 평생 이 반복 속에 반복될 것 같다.

동과 동 사이에 나무가 빼곡하다. 이사를 온 당시 초여름이었으니 나무들이 울울창창했다. 창문을 활짝 열고 바람을 맞으며 풍성한 나뭇잎 사이에 가려진 작은 명금들을 찾아내고 소리 듣는 일이 행복했다. 조그마한 텃새들은 정말 귀엽게 생겼고 소리도 예뻤다. 흔하게 볼 수 있는 참새 소리만 해도 그렇다. 캄캄한 귓속이 잠시 반짝반짝 환해지는 소리.

나무와 나무 사이 숨은 텃새 찾기의 계절이 지나고 슬슬 서늘한 기운이 돌 무렵 소스라치게 놀라고 말았다. 마른 잎사귀마저 모두 떨어뜨리고 나무가 앙상해지자 베란다 창으로 맞은편 집이 훤히 들여다보였기 때문이다. 맞은편에서도 이쪽이 훤히 보일 것이라는 사실은 어렵지 않게 떠올릴 수 있었다. 심란해져 사생활 보호필름을 사서 붙여야 할까 말까 동동거리기를 며칠. 또 나에게 맞은편이라는 게 있다는 사실 따위 잊고 개의치 않기를 며칠. 나는 정말로 반복 속에서 반복되었다.

나뭇잎이 전혀 없는 덕분에 작은 텃새들이 나뭇가지 사이에 앉아 있는 모습을 재깍 찾아낼 수 있는 것만큼은 장점이었다. 새들도 나와 처지가 비슷한 것이다.

키가 크고 앙상한 미루나무 우듬지에 까치가 지어놓은 둥지가 자주 걸려 있곤 했다. 그 집을 겨울나무에 지어진 까치의 겨울 별장이라고 생각했는데, 내내 그 자리에 있다가 그제야 모습을 드러낸 것이란 걸 깨달았다.

*

개를 데리고 산책을 나섰다가 재미있는 나무 하나를 발견했다. 새들이 화장실로 사용하는 나무인 듯했다. 나무 발치가 유난히 새똥 얼룩으로 뒤범벅이었다. 이토록 새들이 많은 데 비해 새똥을 맞아본 일은 거의 없다시피한 것을 보면, 나의 오해와는 달리 새들도 지정된 장소에서 배설하기를 더 원하며 좋아하는 모양이다.

나처럼 다른 개체의 배변 냄새를 즐기는 개와 함께 다니는 것이 아니라면, 새들이 화장실로 사용하는 나무 곁을 지나지 않는 이상, 느닷없이 새똥을 맞는 일은 쉽게 발생하지 않을 것이다. 그러므로 별안간 날아든 축축한 소동을 명랑하게 받아들일 줄도 알아야겠지. 그런 우연은 아무에게나 찾아오는 것이 아니니까. 빅뱅의 가장 확실한 증거인 우주배경복사cosmic background radiation를 발견한 데에도 비둘기똥이 혁혁한 공을 세운 바 있지. 오늘 처음 만난 중요하고 낯선 사람에게, 오는 길에 새똥 세례를 받았노라 알림으로써 딱딱한 분위기를 단숨에 완화시킬 수도 있겠지.

다시 거리를 본다. 행정구역상의 주소로 ○○○동 ○○로 ○○길. 사람의 집과 사람의 우체국, 사람의 미용실, 사람의 김밥집, 사람의 슈퍼마켓이 있다. 새들의 식탁, 새들의 회의실, 새들의 화장실이 있다. 으리으리한 새 아파트 단지를 바라보면 나는, 이 아파트가 생기기 전엔 뭐하던 땅이었을까 궁금하고 그 땅엔 뭐가 살았을까 궁금하다. 지금 내가 살고 있는 도시는 대부분 쌀농사를 짓던 논이었다고 한다. 예전에 내가 인천 만수동에 산다고 하자 "거기 옛날에는 몽땅 배밭이었어!" 하고 말해준 어른이 있었는데. 나는 그런 걸 기억하는 것이 정말 멋지다고 생각했다. 조금도 좋아하지 않던 동네였지만 종종 배밭을 떠올리며 달콤하고 상쾌하게 산책했던 적도 있다.

9월 17일

단
상

시 안 쓰기 시쓰기

엄마 생각

 엄마에 관한 시 청탁을 덜컥 수락하고 절대로 말할 수 없는 영역이 있다는 걸 들킨 듯이 혀가 묶인 채였다. 가장 으슥한 곳에 몸을 풀고 축축해질 때까지 새끼 고양이를 핥고 또 핥던 엄마 고양이 생각. 새벽에 문득 깨어나 비몽사몽 응시했던 천장의 빛 생각. 이미지의 번짐을 따라가다 도착한 곳은 마로니에 공원. 어린 시절 엄마 손을 잡고 갔던 마로니에 공원. 엄마는 양장을 차려입고 굽이 제법 높은 구두를 신은 채 아침부터 분주했다. 그런 일은 좀처럼 없었기 때문에 엄마가 예쁘게 단장하는 것이 마냥 좋았다. 일곱 살 오빠와 다섯 살 나를 오른쪽 왼쪽에 매달고 천천히 천천히 걸어 지하철을 타고 두 시간 정도 갔던 것 같다. 나는 공원 광장에

삼삼오오 무리를 이룬 비둘기들에게 돌진해 폭죽처럼 터져 오르게 하는 재미에 흠뻑 빠져 있었다. 아주 큰 폭죽을 터뜨리고선 우쭐한 기분에 엄마를 뒤돌아보았을 때, 엄마는 커다란 나무 그늘이 드리운 벤치에 앉아 처음 보는 이모와 이야기 나누고 있었다. 한 번도 아이를 낳은 적 없는 앳된 얼굴로. 아주 잠깐 엄마와 내가 완전히 분리되었던 그 순간. 모르는 아이를 바라보듯 나를 바라보았던 엄마의 그 순간이, 왜 이토록 아름답게 남아 있는 것일까. 내가 놀래킨 비둘기들의 무작위한 흩어짐과 함께.

2022년 9월 3일 일기에는 이렇게 적혀 있다. "어려운 시를 쓰고 있다. 어렵지 않으려는 마음이 가장 어렵기 때문에. 그렇다면 어리지 않게. 어리지 않게만."

할머니 생각

빌라 담벼락에 바투 붙여둔 평상 위로 할머니들이 넷. 가끔 다섯. 화투를 치는데 나는 그 곁을 자주 지나간다. 불두화나무가 꽃 피우면 무거워진 꽃송이가 주렁주렁 담벼락을 넘어 평상 위에 드리운다. 석가의 머리를 닮은 흰 꽃송이 아래 모여앉은 백발의 할머니 친구들. 개들을 데리고 지나가면 십중팔구 그중 가장 나이가 많고 체구가 작은 할머니가 패를 돌리던 손을 멈추고 외친다. "왈왈!" 나의 개들을 향해. 나의 개들보다 먼저.

지구인 생각

언니와 모처럼 만나 브런치를 먹던 중 주위를 둘러보니 빈 테이블 하나 없이 빼곡하다. 야외의 열기로 창문은 모두 닫혀 있었는데 각 테이블에서 쏟아져나오는 말소리로 정신이 혼미할 지경이다. 정신력 유지를 위한 딴생각. 만약 내가 지구 탐사를 위해 파견된 외계인 시찰단이라면 지구인 관찰 보고서에 다음과 같은 항목을 넣겠지. 동물계 척삭동물문 포유강 영장목 사람과 사람속 사람종 여성은 시시때때로 둥근 테이블에 모여앉아 소리를 교환하며 시간을 보냄. 소리의 주파는 매우 높고 장음이 많이 섞여 있으며…… 곤두선 신경이 단숨에 가라앉는다. 재잘거리는 소리와 몰두한 얼굴들, 재미있고 귀엽다. 그런데 외계인이 린네의 분류체계를 쓰진 않을 텐데?

이미지, 마음의 안구

깨닫는 순간의 기분이 가장 좋다. 그다음 좋은 것은 내가 깨달은 것이 절대적인 건 아니라는 걸 발견할 때. 쌓기와 허물기, 결심하기와 파훼하기, 쓰기와 지우기. 쌍을 이룰 때 더없이 좋다. 시 안 쓰기와 시쓰기도 한 쌍일 때 좋다. 유령을 떠올리면 이목구비가 텅 빈 구멍일 때가 많은데, 귀신을 떠올릴 땐 핏발 선 눈동자부터 떠오른다. 영혼에도 안구eyeball가 있을까. 시를 쓰면서 분명하게 알게 된 건 영혼까지는 모르겠지만 마음에는 확실히 안구가 있다는 것. 심상 이야기다. 내가 이런 당연한 얘기나 한다고 사람들이 시시해할까. 하지만 나는 고작 이런 걸 알아차리며 기뻐하는데. 세상에! 눈을 뜨면 밖이 보이고 눈을 감으면 안이 보여! 훤히 다 알게 되었다는 듯이 며칠은 좋아서 끙끙 앓는데.

9월 18일

짧은 산문과 시

씨앗 하나

 딱 하나 남았다. 사랑도 잃고 믿음도 잃고 직장도 잃고 돈도 잃고 기력도 잃고 나서 알게 되었다. 귀신이 흰 소복 차림을 고집하고, 꼬마 유령들까지도 하얀 보자기를 뒤집어쓰고 다니는 이유를. 좀 덥지 않나요? 그러는 게 아니라 저도 그래요, 대답하게 되었다. 당신도 사랑부터 기력까지 다 잃었군요. 저도 솜이불을 뒤집어쓰고 밤마다 흐흐흐 웃어요. 장기가 텅텅 비었는데 쪼그마한 씨앗 하나 굴러다녀요. 비어 있으니 더 잘 느껴져요. 몸속에 조그마한 씨앗 하나. 간지러워요. 그래서 자꾸 웃어요.

 증상은 십 년 전부터 시작된 것이다. 바닥에 당도했을 때 시작된 것이자, 완전히 비어버렸을 때 시작된 것이다. 웃음이 터져나온다. 아니, 웃음이 빠져나온다. 내러티브에 집중할 수가 없다. 모조리 빼앗기고 얻은 것은 하나. 이웃집 또래들과 무람없이 어울리는 것이 가능했던 무렵의 내 친구. 하나야, 정다운 이름. 아니, 그냥 하나. 화장실 하나 싱크대 하나 방 하나. 나의 처지가 여실히 드러나는 셋집 구하기에 자주 언급되는 조건. 아니, 그냥 하나. 생각은 시종일관 이런 식이다. 도대체가 얌전히 진행되는 법이 없다. 번지고 빠져나가고 솟구치는 바람에 매번 뒷덜미를 잡아채 제자리로 데려와야 한다. 내가 맥락 없이 웃고 있다면 행복하기 때문인가. 하나를 따라 엉뚱한 곳에서 서성이는 중이기 때문이다.

하나는 여기에 있다. 하나는 저기에도 있다. 여기에 있는 하나가 저기에 있는 하나와 주고받는다. 치고받기도. 여기서 던진 장면을 저기서 받기도. 리시브 토스 스파이크! 깨뜨리기도. 장면을 가격하는 무기는 장면과 함께 파손된다. 산산이 조각난 파편들은 뒤섞여 있다. 어떤 것이 여기에서 날아온 공이고 어떤 것이 저기에서 고안한 방망이인지 알 수 없도록. 그 사이, 사금파리들 사이에서 나는 웃음을 터뜨린다. 아니, 웃음이 빠져나온다. 무수히 늘어난 조각조각 하나. 미치지 않았고 망가지지 않았다. 씨앗 하나를 큰 나무로 자라게 하려고 애쓰고 있다. 나에게 웃음은 그런 것이다. 작은 씨앗 하나를 큰 그늘로 드리우기 위해 잇고 덧대고 부딪을 때, 때로는 큰 파열음을 일으키며 충돌할 때, 배꼽에서부터 자란 나무.

웃음

 나는 바라보고 있다. 조금 열린 화장실 문틈으로 노란 고양이가 쏙 들어가는 것. 해안경비병의 그림자가 밤바다에 포개어지듯. 빨대 같은 어둠으로 홀연히 끌려들어가는 고양이의 빛. 비밀의 섬세한 소근육. 은밀함이 더는 나눌 수 없을 만큼 은밀해지면. 바늘 끝의 눈부심. 팔뚝을 꺼내놓고 온몸을 맡길 때 눈을 감게 됐던 것처럼. 조금 열린 어둠의 틈 앞에 공손해지는 것처럼.

 언젠가의 철거 장면에서 바라보았다. 구겨지는 집이 있구나. 무너진다고는 할 수 없어. 찢어지는 집도 있구나. 허물어진다고도 말할 수 없지. 종이 찢는 중장비차. 어린이가 좋아하는 중장비차. 케이크를 무너뜨리는 커트러리. 스

푼 포크 나이프, 상쾌하고 포근한 발음이다. 내가 좋아하는 시폰 케이크. 비단같이 부드럽고 우아한 케이크의 빛. 이런 생각은 매우 위험하기 때문에 은밀하게. 틈을 파고들어야 한다.

나는 바라보고 있다. 설렁탕집 밑반찬으로 나온 배추김치를 몰래 챙기는 남자를. 지퍼를 열고. 좌우를 살피고. 캄캄한 백팩 속에 집어넣는다. 비단같이 부드럽고 우아한 몸의 빛. 남자가 은밀하게 움직이기 때문에 남자의 주위만 환해지는 것을 바라보고 있다. 남자의 새하얀 손이 조금 열린 백팩의 틈으로 사라지는 것을. 실눈을 뜨고. 나의 상냥한 간호사들이 주사기를 들고 방문하기도 전에.

귓속의 도형들이 무너진 이후. 웃음소리가 부스럭거린다. 종이 위에 쌀알을 쏟으면 빗방울에 갇힌 독경 소리. 조준에 서툰 새 사냥꾼들이 매일 태양을 향해 발포하지만, 질끈 눈을 감게 하는 건 웃음소리. 오선지를 뛰어노는 맨발들의 웃음소리. 나의 주위로 조명이 켜진다.

9월 19일

산
문

새로움의 매우 짧은 꼬리

*

 임지은 시인의 「동시대」를 읽는다. 손바닥을 뒤집으면 일 분 전의 손등이다. 손등을 뒤집으면 이 분 전의 손바닥이다. 제자리로 돌아오는 손이다. 이것은 손의 경우다. 쓰려는 것은 손이 아니라 시이기 때문에. 아름다움의 경우, 마음의 경우, 영혼의 경우……라면 사정이 다르지 않을까. 정말, 다를까.

 이제 막 잉크가 마르기 시작한 나의 시는 고작 일 분 전을 참고한 것. 그러므로 잉크가 완전히 마르기도 전에 일 분 뒤로 번지는 것. 다시. 미래의 시는 오늘을 참고한 것. 그러므로 미래의 시는 오늘의 시에 드리워진 그림자로써 암시되는 것. 다시. 나의 새로움은 나의 구태를 참고한 것. 그러므로 정말 손의 사정과 다르다고 말할 수 있을까.

 새로움에 대한 새로운 견해를 제출할 수 있다면 좋을 것이다. 그런데 스스로에게 그런 걸 기대해서는 안 된다. 기대는 사람을 상하게 한다. 나에게는 세상을 놀라게 할 만큼의 재주가 없다. 있는 것이라곤 나를 구성하는 몇 가지 습관과 우연한 사건들이 남긴 흔적뿐. 새로움은 무한히 지연되는 상태로만, 오늘의 습관과 오늘의 사건에 밀려난 미래에서만 없는 듯 있는 것 아닐까. '올 것'이라는 기척으로 '있을 것'이라는 기대로. 나를 상하게 하면서?

 무턱대고 이 글을 시작했으나 간신히 방황하는 모습이나 보여줄 것이다. 새로움에 대한 새로운 견해 말고 새로움을 쫓다 허탕치고 포기하고 실망하다 다시 일어나 기대하고 망가져가는 방황이라면 제법 한 것도 같으니.

 나는 내가 불화하는 존재가 되기보다는 화합하는 존재가 되기를 희망한다는 걸 사회에서 깨달았다. 누구보다 화합하는 존재가 되기를 바라 마지않지만 내가 나의 자리에서 말한다는 것은 불화를 야기하고야 만다는 것도 사회를 통해 깨달았다. 언어는 욕망이기 때문에. 사회의 언어를 따른다는 것은 사회의 욕망을 따른다는 의미이기 때문에. 사회와 화합하고 나의 말 대신 사회의 말을 전달하며 배운 것들은 새로움과 관련이 없어 보였다.

사회를 벗어난 자리라면 새로운 언어를 구사할 수 있지 않을까. 과거의 나는 그런 기대를 시에게 걸었다. 그래서 새로움은 나를 상하게 했나. 혹 새로움이 나를 지켜주었나. 시를 쓴다는 것은 너덜너덜 찢어진 낡은 지도를 들고 영혼의 미개척 대륙을 찾는 일과 다르지만, 시를 쓴다는 것은 새로움을 추구하는 일과는 떼어놓고 생각할 수 없는 것 같다. 그래서 시를 쓰는 일은 나에게 위협적이었을까. 혹 나를 보호해주었을까.

차차 생각해보기로 하고. 고백하자면 나는 새로움을 원한다. 나는 새로운 사건을 찾아 서성인다. 새로운 사건을 맞닥뜨리는 일은 새로운 감각과 새로운 자극을 불러일으키니까. 저기 분리수거장에 쌓아올린 택배 상자들이 말해준다. 차곡차곡 가지런히 쌓이다가, 가지런함을 무너뜨리며 더 쌓이다가, 무질서함이 새로운 질서처럼 보일 때까지 더 쌓이다가, 질서와 무질서의 관념을 무화하는 지경으로까지 계속 쌓여가는 저 쓰레기들. 우리가 새로움을 좋아하다못해 새로움에 미쳐 있다는 증거들.

자기혐오에 빠지게 만드는 쇼핑 중독과의 지지부진한 투쟁과 투항은 단지 물질세계의 일일까. 나는 물질세계와 예술세계를 개별 관계로 생각하지 않는다. 대립 관계는 더더욱 아니다. 그런 생각은 너무 낭만적이다. 단지 물질과 예술은 저들의 위치에 존재할 뿐이고, 각자의 자리에서 영역을 넓혀가는 가운데 충돌하거나 겹쳐지는 일이 잦을 뿐으로 보인다. 물질의 세계에는 고도로 정련된 예술이 자취를 감춘 듯 깃들어 있고, 예술의 세계 또한 구체적인 본질을 향해 서 있으므로. 새로운 사물, 새로운 기술, 새로운 생활, 새로운 감각, 새로운 인간, 새로운 사유, 새로운 예술. 그것을 찾고 있다는 마음의 외침은 쌓여 있는 저 쇼핑 쓰레기들의 구호와도 일치하는 것 같다. 누구보다 열렬히 구호를 외치던 내가 문득 빠져나와 슬그머니 도착하는 지경은 이렇다.

 언제까지 새로움이 나를 구조해주기를 기다려야 하지? 미래라는 시제처럼 도무지 도착하지 않는 새로움을 기다리지 않기로 한다. 새로움은 미래에서 도래하는 것이 아닐지 모른다. 바깥으로 표현되는 형식이 아닐지도 모른다. 온갖 부조리와 구악으로 들끓는 따분한 오늘의 연장만을 살아가는 것은, 외부에서 날아와 나의 이마에 탁 꽂히는 '익숙한 새로움'을 기대하는 습관 때문이 아닐까.

*

 첫 시집을 출간할 무렵, 나는 내가 재탄생하게 될 줄 알았다. 나의 질기고 두꺼운 사회를 벗어던지고 충격적인 존재로 거듭날 줄 알았다. 나는 나에게 반대하는 사람들을 만나고 싶었다. 뜨거운 반박과 부정을 마주치고 싶었다. 그 반대도 기대했다. 이런 게 시라고요? 그럼요. 새로운 시라고요! 그렇게 말해줄 사람들까지를 기대했다. 반대와 반대의 마음이 북적거리는 시집이 될 줄 알았다. (그것이 첫 시집을 낸 시인에겐 기적과도 같은 축복이라는 걸 몰랐기 때문이나) 새로 사유하기, 새로 바라보기, 새로 상상하기, 새로 태어나기를 목표로 시를 써왔다고 자부하므로, 그것만이 시를 쓰는 나의 목적이었으므로, 내 시는 신비의 망토를 두른 새로운 무엇이 될 줄 알았다. 무지한 건 죄가 아니니 새삼 부끄럽지는 않다.

시집에 대한 반응이랄 건 대개 별것 없다. 잘 읽었어요. 좋았어요. 또는 어렵더라고요. (좀더 솔직한 사람들은) 무슨 말인지 모르겠더라고요. 그럴 뿐. 이게 시라고요? 그럼요. 새로운 시라고요! 해체는 새로운 것이 아닌데요? 새로운 조형이라고요! 반대자들과 수호자들은 나 자신의 내면에서만 청기와 백기를 번갈아 올릴 뿐. 이것이 오늘날 시의 자리인가. 격렬한 혼자가 발생하는 자리.

문제작 너머에는 문제아가 감지되어야 하는데 나의 시집엔 그가 없구나, 진단했던 것. 문제아가 되려면 문제의식이 있어야 하는데 나에겐 그것도 없구나, 초조했던 것. 생각해보니 내게 내린 나의 진단은 다 틀렸다. 누구나 자기 자신이 가장 상대하기 까다로운 문제아이자 돌연변이다. 누구나 자기 자신이 가장 뜨거운 문제의식이다. 여기까지가 지금에 이른 생각이다. 나는 나의 맨 앞에서 시를 쓰기 때문이다. 격렬하게 혼자인 채로. 나는 있다. 이 사실이야말로 나를 보호해준다. 미래에서 도래하는 줄 알았던 새로움은, 달팽이가 나뭇잎 돛단배를 타고 바다를 건너는 속도로 오는 중이 아니라 나에게 이미 있는 것. 사회가 그 사실을 승인하지 않아도 나에게 '있다'는 것.

*

거꾸로 더 가보자면, 대학에서 시를 처음 배우게 되었던 십수 년 전이 떠오른다. 나는 근대적 상상력의 놀라운 발명품인 '낯설게 하기'의 개념을 접하곤 완전 사로잡혔다. 그들의 주장과 시연처럼 '그것'이 이상해지면 '그것'에 대해 더 선명하게 느끼게 된다는 사실을 머릿속에서 곧장 확인할 수 있었다.

19세기 말 프랑스 시인 로트레아몽의 유명한 시구처럼 수술대 위에서 재봉틀과 박쥐우산이 만나는 일이, 수예 테이블 위에서 재봉틀이 반짇고리를 만나는 일보다, 온통 검은색으로 장식된 고스족의 방에서 박쥐우산이 검은 우비를 만나는 일보다 아름답고 신비로웠다. 사물을 자연스러운 상태로부터 추방시키면 사물이 핀 조명 아래 놓인 것처럼 주목되었다. 나는 한동안 초현실주의 작가들과 다다이스트들의 작품들을 찾아 읽었다. 형식의 충격에 의해 의식 바깥으로 던져지는 것이 즐거웠다. 새로운 형식은 그 자체로 하나의 메시지였고, 혼돈과 무질서, 예측 불가능성 속에서 새로운 메시지가 감지된다는 사실이 감동적이었다. 기존의 형식을 파괴하는 것으로 새로운 형식을 태어나게 하는 것이 좋았다. 허무의 핀을 꽂아 잠깐 의미를 회복하게 되는 게 좋았다.

그러나 새로움은 비정하다. 오래 머무는 법이 없다. 새로움이 도서관 청구기호로 정리되면 새로움은 즉시 새로움을 회수해간다. 수술대 위에서 코끼리와 포테이토 칩이 만난다 해도 더이상 충격적이지 않게 된다. 수술대 위에 우주 만물이 만나는 것이 가능해지기 때문에.

불안한 예감이지만 어쩌면 새로운 형식 자체가 시라고

오해했던 기간 또한 길었던 것 같다. 형식의 문제가 아닐 것이다. 내가 새로움을 어디에서 구하고 있었느냐는 문제일 것이다.

옆길로 새고 싶다. 빈둥거리던 중에 영화음악 작곡가 H. 스콧 샐리너스의 인터뷰를 읽었다. 사람들이 듣기 좋은 멜로디는 사실 무한하지 않고 유한해서 더이상 세계적으로 유명한 대중음악(특히 센티멘털 발라드)은 나올 수 없다는 입장이었다. 좋은 멜로디를 예전 음악인들이 죄다 써버렸기 때문이라고.

그런데 대중음악의 비관적인 전망을 내세워 예전 음악인들이 다 해버렸다는 식의 불평은 비틀즈 이전에도 있었다. 그럼에도 비틀즈가 탄생했다는 것은 희망적인가. 아름다움이 정말 유한한 것이라면 우리가 새로운 음악을 발견하기 위해 나아가야 할 새로운 영토는 아무 인상도 남지 않는 평범한 소리들, 졸음이 쏟아지는 따분한 소리들, 듣고 싶지 않은 의미 없는 소리들, 무계획의 소음들뿐인가.

그런데 그것도 〈4분 33초〉가 이미 보여준 것이다. 지난 세기의 전위음악가 존 케이지가 1952년에 보여준 것. 그리하여 비틀즈의 음악 속에 거리의 불규칙한 소음과 수선거림이 감미로운 화성과 함께 병치되었던 것인데.

아름다운 것과 아름답지 않은 것이 모두 아름다움 속에 존재한다는 것을, 반대의 개념이 없다면 아름다움 또한 없다는 것을 우리는 이제 안다. 오늘날의 예술적 경험에는 아름다움에 대한 해체적 경험과 형식에 대한 허물어진 경계까지 포함되어 있다. 그럼에도 새로움에 대한 갈증만은 여전하다면 도대체 어디에서 새로움을 구할 수 있을까. 좋은 시는 예전 시인들이 다 써버렸기 때문에 새롭고 좋은 시를 쓰는 것이 불가능해져버렸다는 선언은 가능할까.

캔버스를 벗어난 회화, 무대와 객석이 뒤섞인 극장, 도구를 벗어난 오브제, 대상에서 비껴난 언어, 자신이 무엇을 의도하는지 모르는, 의도적으로 의도를 비우는 예술가, 기계를 꿈꾸는 인간, 백지에 다가가는 시…… 이 모든 형식에 우리는 더이상 충격받지 않는다. 시를 아울러 예술 전반에 관심을 가지고 향유해온 사람이라면, 전위라는 말로 요약된 형식을 마주칠 때마다 새로운 형식의 힘과 충격에 사로잡히기보다는, 기시감 내지는 피로감을 느끼는 것 같다. 음…… 우리 어디서 만난 적 있지 않나요? 그런 느낌.

나에게 형식은 더이상 신비롭지 않다. '익숙한 새로움'이다. 새로움의 기능을 다한 새로움이다. 전위성을 원한다는 것이야말로 사회적이며 정치적인 욕망이다. 전위는 이미 사회의 언어에 포함된 것처럼 보인다. 형식의 권위가 사라진 자리야말로 오늘날 예술가들의 예술이 서게 될 자리인가. 무한히 팽창하는 내부로, 벌거벗은 혼자로, 쫓겨난 자리.

*

나는 나의 시 속에 들어앉은 불안을 바라본다. 그리고 불확실성의 시대를 살아가는 불안의 얼굴들을 마주본다. 아무것도 확실하게 주어지지 않고 변화의 속도를 따라갈 수 없어 오직 인간만 소외되는 시대. 나의 내일을 확신할 수 없는 시대. 어떤 판단도 미래를 보장하지 않는 시대. 불안의 얼굴에게 새로움을 위해 당신이 알고 있는 세계를 모두 지우라고 시로서 말할 수 있나. 그렇게 말해도 되나. 그러나 나는 불확실성의 시대를 둥둥 떠다니는 불안의 얼굴에게 말한다.

 이것이 나의 시예요. 아무것도 그리지 못하는 나의 시예요. 오늘과 내일이 달라지는 내가 바로 서 있을 수 있게, 언제나 공사중인, 언제나 난장판인 시예요. 그리고 당신의 시를 듣고 있지요. 개미가 개미의 시를 들려주고, 할머니가 할머니의 시를 들려주고 있으니까요. 빈털터리가 빈털터리의 시를 들려주고, 외톨이가 외톨이의 시를 들려주고 있으니까요. 우리들은 공장에서 생산된 장난감 기차가 아니고, 그만그만한 크기의 옥수수나 감자가 아니니까요. 안에서 선명히 들리는 기척이니까요.

 지금 나의 내면에서 출연한 돌연변이를 지우지 않고 그에게 언어를 선사하는 것. 내가 새로움에 기여할 수 있는 것이 남아 있다면 이뿐인 것 같은데.

 수학자 괴델은 불완전성 정리를 통해 엄밀함과 확실성의

영역인 수학에서조차 기존의 수학 체계로는 증명할 수 없는 참의 명제가 반드시 존재한다는 것을 증명했다. 증명할 수 없음을 증명한 것이다. 진리임을 알릴 수 없는 진리가 존재한다는 것. 이것이 우주를 설명하는 근거가 된다면 구체적인 본질을 향해 서 있는 예술의 입장도 다르지 않을 것 같다. 미지는 미래에서 오는 것이 아니라 우리와 함께 있다.

앞서 형식을 발명하는 일에 대한 염증을 고백하면서 나는 신비라고 썼다. 나는 신비에 대해 잘 알지 못한다. 신비는 언제나 언어를 빼앗긴 자리에서 감지되기 때문에 설명이 불가능하다. 신비는 달변가를 좋아하지 않는다. 신비도 언젠가 고갈되고 말지를 고민하게 된다면, 그런 염려는 신비를 언어로 설명할 수 있게 될 날의 이후로 미뤄도 될 것이다. 신비는 이미 우리와 함께 있다. 이 사실은 나의 글쓰기를 지켜준다.

이제 나의 욕망은 너무나 복잡해져버리고 말았다. 나의 욕망은 사회의 것도 나만의 것도 아니다. 나는 새로움을 목표로 하지 않으면서도 새롭기를 원한다. 언어를 버리기로 하면서 언어의 사소한 기척에도 몸서리치길 희망한다. 새로움의 지위를 지워버린 새로움만 꿈꾼다. 오직 나의 현재로만 흐르는 새로움을 그린다. 잠시간 새로웠다가 다시 기절해버리고 마는 것이길 원한다. 그러나 시간이 지난 어느 날 다시 새로워지기도 하는, 거의 살아 있는 상태에 가까워진 것이기를 원한다. 불가능하겠지? 그러나 가능하다는 희망으로 씩씩하게.

 이 글 역시 전혀 새로운 것이 아니다. 일 분 전의 것을 참고했다. 내 능력이 영 부족했다면 일 분 전의 말을 거의 받아 적는 수준으로 모방했다. 단지 나는 쉼없이 변화하는 나의 위치에 진실하려고 했다. 일 분 전의 확신 속에서 조금씩 옆으로 비껴나는 것을 보여주려고 했다.

9월 20일

시

9월 20일은 결혼기념일이 될 날이었는데 결혼반지 안쪽에 새겨진 날이 되었을 뿐이다. 2020년 코로나 팬데믹의 한복판에서 결혼식을 준비했던 나와 배우자는 결혼식 취소라는 해프닝을 묵묵히 받아들여야 했다. 실내 오십 인 이상 집합 금지 명령이 언제 완화될지는 한 치도 예상할 수 없었다. 위약금을 물고 예식장을 취소한 뒤, 가족과 최소의 친구들만 초대한 스몰웨딩을 치른 것은 11월이다. 반지 안쪽을 들여다볼 때 처음 계획했던 결혼식을 상상해보기도 한다. 우리가 겪은 그 시간을 무어라 말할 수 있을지 모르겠다. 낯가림과 부끄러움, 무대공포증이 심한 나와 배우자가 작은 결혼식을 하게 된 것은 예정된 일 같기도.

9월 7일에 태어난 배우자와 9월 15일에 태어난 나의 첫째 강아지, 생일을 모르는 둘째 고양이, 그리고 역시나 생일 미상의 셋째 강아지. 내가 속한 가족 공동체는 인간과 동물이 반씩 섞여 있어 좋다. 반지 안쪽에 아무것도 기념할 게 없는 평범한 날이 각인되어 있다는 것도 좋다. 아니, 상상 속에서만 행해진 취소된 날짜가 적혀 있다는 것이 참 좋다.

수염이 긴 쪽이 어른입니다

먼 나라의 소들은
네 발목이 꿰어져 거꾸로 매달린 채
죽지 않고
천천히 몸을 죄어오는 가죽슈트를 입고
아늑한 죽음 설비 속으로
차례차례
걸어들어간다고요? 이걸 행복이라고
부를 수는 없는데
항복이라고
부르기도 싫은데

나는 사는 게 좋아요

만져지고요

만질 수 있어요

이렇게 말하긴 쉬워요

누군가를 기쁘게 할 테니까

하지만 나의 생각은

얌전히 묶은 포니테일처럼

모이질 않고

양갈래로 쫑긋거리는데

살고 죽는 것에서 세 갈래로

죽고 태어나 사는 네 갈래로

살고 만나고 죽어가는 함께로

자꾸만 땋게 되는데

개를 낳을 수 없어서

나는 개 엄마가 아니에요 가끔은

개가 돌아가신 외할머니로 보여

머리를 조아리고 납죽

절하게 될 때는 있지만요

고양이를 낳을 수 없어서
고양이 엄마도 아니죠 물론
아빠일 리도
하지만 사물이
스스로 움직이기도 한다는 것을
알려주니
학생일 수는 있다고

소파 밑을 들어
병뚜껑과 빵끈들이 모여 있는 걸 확인하며
다짐하죠
성실한 학생이 되어야지
밤새 사물들이 몇 보씩 이동한 것을
제자리로 돌려놓으며
말하기보다 보여주기
선생님의 가르침을 확인해요

엄마가 아니고 아빠가 아니어서
우리는 이 집에서 각자 고아이고

사랑이란 무엇일까?
나의 물음에 나의 생각과
똑같은 대답을 내어놓는 사람과
결혼하는 바람에
아이고 불쌍해
아이고 불쌍해
그런 말을 사랑한다는 말 대신
주고받다가

하나둘 이불 밑으로
사람이 들어가 누우면
하나둘 이불 위로
개와 고양이
똑딱 단추처럼 닫히죠
여러 갈래로 땋은 귀를
느슨하게 풀고
잠들죠

나는 몸을 죄어오는

부드러운 이불에 갇혀

잠 속으로 순순히

걸어들어가요

어디에 도착하게 되는지는

잊어버렸어요

9월 21일

읽기

무기력기에 접어든 사람에게 1

모서리가 네 개인 작은 신의 눈[1]

일상에서 가장 흔하게 나의 무릎을 꺾는 사건은 무기력이다. 나는 권태와 무기력에 얻어맞아 쓰러지는 허약한 인간이다. 월요일 다음은 화요일, 다음은 수요일, 그렇게 며칠 더 지내면 잠깐 기쁜 주말. 월화 드라마 다음은 수목 드라마, 그리고 주말 드라마를 본방사수하다보면 몇 달 훌쩍 지나가 있고, 곁이 좀 쌀쌀하다 싶으면 일 년이 훌러덩 지나가버리는, 반복 위에 내가 있다. 잔잔한 수면경 위에 서 있는 서퍼처럼. 나는 늙어가고 병들다 죽겠지. 생각의 관성으로 고꾸라지는 속도만 놓고 봐서는 나를 자동화 기계라 불러

---

1) 실비아 플라스, 「거울」에서 가져옴.

도 좋겠다.

한동안 무기력 주간이 찾아와 쩔쩔매었다는 걸 털어놓는다. 누워서 텔레비전이나 스마트폰을 들여다보다가 허기가 지면 아무거나 먹었다. 몸이 무겁게 쏟아지는 것 같아 가누기가 힘들었다. 읽지도 쓰지도 않았다. 이따금 으스대며 던진 농담은 이런 내용이다. "봤지? 불행은 나를 다 비껴가. 행운도 그렇지. 어제도 오늘이고 내일도 오늘이야."

집에만 틀어박히는 동안 젖은 솜이불을 온실 속에 넣어둔 것처럼 몸과 마음이 도무지 보송해지지 않았다. 그러다 문득 시간의 기척이 느껴지면 엄청난 초조함이 몰려와 잠 못 들었고, 밤새 멍하니 앉아 울었다. 통각이 느껴질 때까지 양손을 마주 잡아보기도 했고, 따갑다는 생각이 들도록 팔다리를 찰싹찰싹 때려보기도 했다. 발바닥이 마룻바닥에 닿는 압력을 느끼면서 천천히 거실을 서성이기도 했다. 몸속에 다시 생기를 끼워놓아야 한다고 자동화 기계에 명령하면서.

어렵사리 몸을 일으켜 산어귀에 도착하면 수령을 짐작해 볼 엄두도 나지 않는 고목들이 보였다. 봄이면 연둣빛 새잎을 꾸역꾸역 밀어올리고 가을이면 끝장을 각오한 주먹처럼 붉은 잎사귀를 내밀어 보여주었다. 속이 울렁거렸다. 슬프게 보였다. 그러나 산행을 마치고 내려오는 길에 항상 같은 나무를 보고 놀라곤 했다. 봄이면 연둣빛 새잎이 눈부시게 상쾌했고, 가을이면 절정을 불태우는 에너지에 경건했다. 나무는 같은 모습인데 정말로 다르게 보였다. 무엇이 바뀐 것일까.

하루는 개화가 한창인 벚나무를 망연히 올려다보다가 궁금해졌다. 꽃이 피었는데 왜 내가 슬픈 것인지. 슬픔을 추적하여 이리저리 살펴보았는데 답이 나오지 않았다. 시 한 편을 읽고 알았다. 나무는 있는 그대로일 뿐. 슬픔에 침잠한 내가, 나의 안쪽에서 허우적거린 것일 뿐. 나의 사랑이나 나의 증오로는 저 나무를 티끌만큼도 물들일 수 없음을. 나의 감정과 무관한 진짜 나무의 독립을.

"있는 그대로일 뿐, 사랑이나 증오로 흐려지지 않는다."

실비아 플라스의 「거울」 시구다.

거울을 잘 닦아놓을 일이다. 정확하게 바라보아야 출렁일 수 있으니. 수면경 속에 나의 어린 여자애를 빠뜨리고, 늙은 여인을 건져올리며 까무러치지 않도록. 나의 중심에서만 바라볼 것이 아니라 네 개의 모서리로 시선을 보낼 일이다. 작은 신의 눈이 깜빡이고 있는 거울의 모서리에 뜻밖의 이해가 입장하도록. 거울 위에 서서, 파도를 만난 적 없으니 바다를 믿지 않겠다고 선언하는 천둥벌거숭이가 될 수는 없지. 바다를 알고 있는 사람들이 보기에 너무 창피한 일이지. 아무렴 그렇지.

9월 22일

읽
기

무기력기에 접어든 사람에게 2

꽃을 주세요 아까와는 다른 시간을 위해서[1]

 텔레비전 속에서 배우는 절망에 빠진 얼굴로 횡단보도를 건너고 있다. 그의 눈동자는 오직 한곳을 응시하고 있는데 그게 어디인지는 글쎄. 모르겠다. 그의 눈동자는 자신의 몸 바깥을 바라보고 있다기보다 자신의 몸 안쪽을 보고 있다. 그를 절망에 빠뜨린 과거가 몸의 내부에 상영되고 있기라도 한 것처럼. 자신의 생각이 자막처리되어 빠르게 지나가는 걸 묵독중이라는 듯. 횡단보도를 건너는 동안 배우는 캐릭터의 감정에 집중해야 했으므로 이곳저곳을 두리번거릴 수 없었을 것이다. 그건 우리가 아는 상실의 이미지가 아니

---

1) 김수영, 「꽃잎 2」에서 가져옴.

다. 화면 위로 감정을 띄워올리려면 군더더기를 지워야 한다. 평면의 소통방식이다.

 진짜 세계라면? 저토록 깊은 절망감을 안고 교차로의 횡단보도를 건너고 있는 사람이 나라면? 나는 눈곱만큼도 절망하는 것처럼 보이지 않겠지. 전방위에서 나에게 도착해오는 수많은 감각의 자극과 물리적 충돌로부터 나는 나를 보호하기 위해 사방을 살펴야 할 테니까. 눈동자가 데굴데굴 바빴겠다. 그런 얼굴이 절망의 얼굴로 보일 리가.

 화면 속 세계에 없는 것들이 화면 밖에 있다. 스마트폰에 시선을 파묻고 걷는 행인과 서로를 부둥켜안는 데에 온 신경이 쏠린 부주의한 연인들과 리드줄 하나에 강아지 세 마리를 바글바글 달고 가느라 삼등분으로 쪼개질 듯한 인간. 우회전 차량들과 점멸하는 녹색불에 전력으로 달려오는 자전거가. 그들은 이차원에는 없고 삼차원에는 있기 때문에. 세계는 소란스럽고 난분분하며 재빠르다. 세계는 절망에 집중한 나에게로 돌진해오며 나의 절망에 예고도 없이 침범할 뿐더러 종국에는, 절망은 까맣게 잊고 또 하루를 움직여 살아갈 수밖에 없도록 허기지게 한다.

내가 나의 마음에 오롯이 집중할 수 없게 만드는 훼방꾼들이야말로 나의 이웃. 삶의 공포도 그들이 선사하는 것이며 삶의 아름다움도 그들이 건네준다는 사실을 안다. 그러므로 중요한 것은 바깥을 보기. 안쪽을 들여다보는 일 말고 바깥을. 나의 삶은 평면이 아니고, 나는 정해진 시나리오를 움직이는 배우가 아니니까. 내가 아닌 것을 만나기. 내가 아닌 것은 불편하기 짝이 없고 꼴 보기 싫은 것들이겠지만, 나에게 내린 뿌리를 딛고 밖으로 뻗기. 중심으로부터 끝없이 멀어지는 나무가 알려준 것.

권태 속에서 눈머는 일은 죽음과 같다. 불안으로 깨어 있는 리듬만이 아름다운 것을 보게 한다. 그것이 무기력에 맞서는 유일한 무기가 되어준다는 사실을 알겠다.

김수영은 시 「꽃잎 2」에서 "꽃을 주세요"라는 문장의 반복을 통해 리듬을 느끼게 하고, 변주를 통해 삶을 드러낸다. 앞서 하던 비유를 마저 끌어온다면 이렇게 말할 수도 있을 것이다. 반복을 통해 파도 위에 서게 하고 변주를 통해 바다를 보게 하기. 내가 오직 나 자신에게만 집중할 수 없도록 방해하는 그들을 이웃이라 부른 뒤에는 노란 꽃으로 바꾸어 읽어도 좋겠다. 예측 불가능한 그들이 나의 삶을 아까와는 다른 시간으로 바꾸어놓고, 뜻밖의 일을, 거룩한 우연을 만들기도 하니까.

마지막으로 제목에 책임을 지는 일이 남았는데…… 내가 무어나 된다고 무기력증에 시달리는 사람들을 향해 조언이나 충고("햇볕을 많이 쬐세요" 같은)를 하겠다는 건 아니고, (앞선 글의 첫 문장에서 밝혔듯 무기력기에 접어든 사람은 나다. 그러니 독백에 가까운 상태) 무기력기에 접어든 사람이라면 이 글을 대강대강 눈으로 훑었을 가능성이 있으니 이렇게 요약해볼까.

미워죽겠고 꼴도 보기 싫은 사람을 만나야지. 미워죽겠고 꼴도 보기 싫었던 이유를 다 잊어야지. 지금부터 아까와는 다른 시간이 분명하다. 내 앞에 불려나온 사람은 나 자신일 테니까. 있는 그대로 그를 대하면 된다.

9월 23일

읽기

암흑 속에서
| 김수영의 「사랑의 변주곡」 읽기 |

 기록적인 폭염의 여름을 보내주며, 갱신될 폭염의 기록을 기다리며. 기후 재난의 한복판에서. 나는 안심하던 이 세계가 벼랑 끝에 대롱대롱 매달린 모습을 보며 우울하다. 급기야 나에겐 인간의 세상을 구성하고 있는 거의 모든 물질이 쓰레기(또는 미래 쓰레기)로 보이기 시작했다. 인간의 세상 어디에도 경제 논리에 잠식되지 않은 순진하고 향긋한 구석이라곤 남아 있지 않은 것만 같다.

 사랑이라는 개념 역시 나에겐 차차 산업적인 것으로 여겨진다. 문명의 사랑이 물질이 아닐 수 있을까. 그러니까 내 눈엔 얼마간 시간이 걸릴 뿐 쓰레기다. 제일 비싸므로 제일 비싼 쓰레기. 이 정도라서 나는 아픈 것일까. 사랑이 유발하는 낭만적 부산물, 그 산업폐기물들 때문에 지구의 남은 시간을 헤아리며 절망감을 느끼는 나는, 좀 아픈 것일까. 연인을 사랑하고 혈육을 사랑하고 반려동물을 사랑하고 자신의 삶을 사랑해서 도모하는 모든 일에 쓰레기가 발생한다는 사실을 상기하면서, 오랫동안 주저하다 이렇게 생각해본다. 오늘날 사랑은 찬미의 대상이 아니라 극기의 대상이어야 하지 않을까 하는 그런. 도시 문명의 사랑 일반은 욕망과 욕구 사이의 무엇, 그리하여 낭비를 부르니까.

이따금 시쓰는 친구들을 붙들고 구십년대 시의 아름다움을 '눈썹'이 담당하고 있다면, 이천년대 시의 아름다움은 '발목'이 담당하고 있는 게 아니냐며 헛소리를 늘어놓곤 한다. 욕망을 드러내는 시대 감수성의 차이가 시어로 드러나는 거 아니냐고. 눈썹의 사랑과 발목의 사랑. 눈빛으로 전달되던 것은 이제 몸을 움직여야만 전달되는 것 아닐까. 만약 사랑이 변하지 않았다면 사랑의 형식은 어떨까. 우리는 여전히 눈짓으로 사랑을 표현하고 몸을 돌려 사랑이 있는 쪽으로 향하지만 이것으로 충분할까. 죽음이 아니라면 욕망은 완결되지 않으므로 문명의 사랑은 몸을 겪는 것만으로는 부족하다는 불안을 조성한다. 그렇게 사랑은 욕망을 생산하고 사게 하고 쌓아두게 하고 남아돌게 하다가 버리게 한다. 썩지도 않는 것을 아주 간단히 버리게 한다. 마침내 우리가 지켜야 할 사랑이 썩는다. 우리가 쓰레기 땅 위에서 쓰레기를 먹고 쓰레기를 덮고 잠들며 쓰레기를 자연의 일부로 감상하게 된다면, 그것은 우리가 열심히 사랑한 결과일 수도 있다. 소유의 욕망과 의미의 허기로 기진맥진한 마음. 내가 바라보는 이 세계의 사랑이 이러한데, 나는 아픈 것일까.

나에게 사랑은 존재와 존재 사이로 흐르는. 존재의 표적을 향하여 솟구치는. 존재의 어두운 내부에서 환한 바깥으로 넘쳐흐르는 것. 그런데 김수영의 사랑은 내가 아는 사랑보다 훨씬 오래된 끌동 같다. 인간의 감정 중 하나가 아니라 인간보다 먼저 어둠의 내부에 살고 있던 무엇 같고, 흙과 물과 불과 공기처럼 존재 이전의 우주 같다. 우리가 태어나면서부터 깔고 앉아 있느라 한 번도 확인할 수 없었던 최초의 그림자 같다. 복사나무 살구나무 감나무가 저 자신의 가장 깊은 곳에 딛고 서 있는 아주 작은 한 조각 "복사씨와 살

구씨와 곶감씨"가 사랑인 것처럼. 추구해야 할 가치도 아니며 극기해야 할 대상 또한 아니겠지. 사랑은 그저 사랑. 나는 그것이 나의 내부에, 나라는 의식보다 먼저 웅크리고 있었다는 것을 이해하게 된다.

"도시의 끝에/사그러져가는 라디오의 재잘거리는 소리가/사랑처럼 들리고 그 소리가 지워지는/강이 흐르고 그 강 건너에 사랑하는/암흑"이 있다. 사랑하는 암흑.

그는 "사랑을 만드는 기술"로 "눈을 떴다 감는 기술"에 대해 이야기한다. 그리고 나는 너무나도 낭비적이고 허기진 나의 사랑을 앞에 두고 눈을 떴다 감아본다. 암흑…… 암흑.

눈꺼풀이 닫히는 순간 맹렬히 솟구치고 넘쳐흐르던 사랑은 조용히 멈춘다. 더 좋은 것을 주고 싶고(갖고 싶고), 더 많은 것을 주고 싶고(갖고 싶고), 네 마음의 보다 의미 있는 자리를 차지하고 싶은 나의 욕망이, 멀어지는 라디오의 재잘거리는 소리처럼 입을 닫는다. 마침내 눈꺼풀 너머 사랑하는 네가, 눈꺼풀 속의 암흑을 비집고 슬그머니 입장한다.

너의 잔상과 나의 의식만 있는 이 암흑. 나는 나인가. 나는 너인가. 우리는 포개어진다. 그리고 혼돈의 암흑 속에서 사랑은 본래를 회복한다. 끝없는 허기를 채우고자 부추기는 욕망의 야만성에 끌려가지 않고 고요히 단단해지는 씨앗 하나를 쥐어보는 것.

우리가 사랑을 배우기에 어쩌면 이 도시만큼 적합한 장소는 없다. 고요한 곳에서는 고요함을 찾을 수 없으며 고요함을 배우기 위해선 시장에서 눈을 감아야 하는 것. 사랑의 물질이 쓰레깃더미로 쌓여가는 도시. 피로한 이 도시에서 우리는 사랑을 더 잘 배울 수 있다. "사랑의 절도는/열렬하"기 때문에. 넘치지 않는 것으로 사랑을 이어갈 수 있기 때문이다. 선택의 문제일까. 그렇지 않다. 사랑의 음식은 사랑이어야 한다. 그게 아니라면 우리에게 다음 사랑은 없으니까.

9월 24일

시

유해조수

자동차가 지나가도록 비켜주고
오토바이가 지나가도록 비켜줍니다
더 비켜줄 것이 없는지 두리번거리게 돼요

우리 엄마는 자전거 탈 줄 몰라요
나는 스무 살에 사귀던 남자한테 혼나면서 겨우 배웠죠
오늘 아침 까망 고양이가 낳은 새끼 고양이를 봤어요

사랑의 생물인 부분을
미래가 어떻게 배합되어오는지를
꼬리 끝으로 또는 발끝으로
하얗게 혹은 노랗게

우리 엄마에게 배운 것은 이족보행인데요
나의 발바닥에서 나의 발바닥으로 도달할까요?

엄마를 열고 나가 매일 걸어요
작은 무덤을 등에 인 곤충처럼 점점 작아지면서요

엄마는 죽어서 새가 될 거야
자꾸 그런 말을 가르치니까

철새들을 올려다볼 때 손 흔들고 싶잖아요!
엄마가 내 등을 찍어 먹으러 쫓아올 것 같잖아요!
되뚱되뚱 걷는 새가 되어서

우리 엄마는 운전할 줄 몰라요
하지만 산도 가고 은행도 가고 시장도 가지요
걸어서 갈 수 있는 곳은 걸어서 다 가지요

자동차와 오토바이가 놀라지 않도록

담벼락 쪽으로 붙어 서면서

나는 비둘기를 향해 돌진했어요
대열을 무너뜨리는 건 용감한 어린이의 몫이었거든요
쏟아지는 박수갈채를 받으며
뒤돌아보면

앳된 엄마가
엄마의 친구와 대화에 열중하고 있었습니다
나를 낳은 적 없는 사람처럼

지하철을 타고 두 시간 갔어요
마로니에 공원이었죠

9월 25일

읽기

살아 있는 것만이 살아 있는 것을 알아본다
| 신이인, 『검은 머리 짐승 사전』 읽기 |

　세련된 상점들이 늘어선 아케이드에서 '그것'을 마주친 적이 있다. 나는 완전히 얼어버렸다. '그것'은 놀라는 기색 하나 없이 쏜살같이 가버렸다. 횡단보도 가장자리의 빗물받이 틈새로 쏙 사라졌다. '그것'과 마주친 시간은 삼 초도 채 되지 않았건만 온종일 '그것'만을 생각했다. '그것'의 우아한 몸동작과 쾌속 질주. 윤기나는 빛깔과 매끄러운 양감. 화분 밑으로 비어져나온 식물의 뿌리처럼 희멀겋고 기다란…… 꼬리. 온종일 생각했다.

　몹시 아름다운 것만큼이나 몹시 추한 것도 주목하게 되기 때문에? 이 경우는 단순히 그런 문제가 아니다. 나는 나의 세계에 '그것'이 있다고 상상조차 하지 않았는데 '그것'이 시종일관 세계를 지켜보고 있었다는 깨달음 때문이었다. 시집을 통해 더욱 정확한 이유를 생각해보게 되었는데, 어쩌면 그때 나의 살아 있음과 '그것'의 살아 있음을 순간적으로 구별할 수 없었던 건 아닐까. '나의 들쥐'를 들쥐에게 들키고 만 것은 아닐까.

인간은 하수구 밑의 세계를 잊지만, 들쥐는 자신이 들쥐임을 잊을 수 없다. 인간은 하수구 밑의 세계를 들여다볼 의사가 결코 없지만, 들쥐는 지상에 축조된 인간의 세계를 자세히 지켜볼 수 있다. 아케이드를 걷는 동안, 자기 자신이 누구인지 몰라도 상관없는 존재라면 그는 허용된 존재다. 반면 매순간 자신이 어떻게 호명되는지 지켜봐야 하고, 또 자신이 누구인지 명심하게 되는 존재라면 이 아케이드와 불화하는 존재다. 눈에 띄지 않는 곳으로 치우고 싶어하며, 안 보이게 되는 즉시 없는 셈 치게 되는 잊힌 존재.

황토색 날개 위에 눈알이 가득했습니다
　나방은 눈들을 펼쳐 내려놓고 페이지에 가득 앉아 있었습니다

봐

이것이 나의 무기다

(중략)

그러니까 쟤네들은 안다는 거지

기도할 때 누가 눈을 뜨는지

이 산에서 바지를 내리고 볼일을 본 게 누구인지

나방은 알고

앎을 포기하지 않는다

그게 나방의 품위라니까

자유로운

(중략)

이건 비밀인데 가끔 나는

납니다

본 사람들이 비명을 지릅니다

―「배교자의 시」부분

 그런데 잊은 자보다 잊힌 자가 더 많이 목격한다. 잊힌 자는 앎을 멈추지 않는다. 알기를 중단하는 것은 생존에 치명적이기 때문이다. 이유야 어찌되었건 진실에 가까이 다가가는 쪽은 언제나 불리한 위치에 속한 잊힌 쪽이다. 진실에 더욱 가까이 다가선 자를 보면 사람들은 놀라 비명을 지른다. 으악! 쥐가 돌아다녀! 악! 나방이 날았어!

 날개를 접고 앉느냐 펼치고 앉느냐로 나비와 나방을 구별한다고 한다. 눈을 감고 두 손 모아 기도하는 자는 나비. 두 눈을 활짝 열고 기도하는 자들을 지켜보는 자가 나방. 그렇다면 크고 작은 죄들의 목격자인 나방을 끔찍해하는 이유도 알 것 같다. 내가 들쥐나 나방처럼 사람들이 망설임 없이 혐오하는 생물이라면 나를 보고 놀랄 때 크게 웃어줄 텐데. 나를 추방시킨 인간들이 스스로의 죄 때문에 혼비백산하는 걸 보면서. 속설대로 사랑에 빠지는 데에는 삼 초면 충분한 모양이다. '그것'이 눈앞에 표표히 실존을 드러내는 순간 그토록 심장이 두근거린 걸 보면.

『검은 머리 짐승 사전』에는 유일하므로 기묘하고, 살아 있으므로 징그러운 생물군이 출몰한다. 오리너구리, 나방, 까마귀, 고슴도치, 바퀴벌레, 개구리, 고양이, 거북이. 검은 머리 짐승인 '나'에 이르기까지. 사전이라지만 글쎄 그건 모르겠다. 신이인의 생물들은 '나'를 대신하기 위해 언어 속에 박제해둔 상관물도, 사냥꾼의 침대맡에 걸린 헌팅 트로피도 아니다. 의미의 울타리 안에 가축화된 상태가 아니다. 현실 세계의 거리를 자유롭게 활보하거나 우리들의 방 벽에 얌전히 붙어 있는 '그들'이다.

"전구 없는 필라멘트"(「작명소가 없는 마을의 밤에」)를 켜고 '나'의 안쪽으로 입장해보자. 눈을 감아야만 보이는 것이, 귀를 막아야만 들리는 것이 있게 마련이니까. '나'의 외피를 헐렁하게 열어놓을 때 안쪽에 깃든 생물들은 울타리를 넘을 수 있다. 동물이면서도 동물이 아닌, '나'이면서도 '나'가 아닌, 외피가 헐렁한 이 존재들의 자기 긍정이 참 새롭게 느껴진다. 우리에게 익숙한 서정의 방식대로, 자기 상처를 고백함으로써 상처로부터 놓여나는 방식이 아니기 때문이다. 자기 상처를 철저히 관조하는 방식 역시 아니기 때문이다.

 신이인의 시는 상처 위에 알록달록한 잉크를 부어 새로운 동물 문양을 완성해나간다. 피부 위의 생물들이 '나'의 안팎을 마음대로 드나들며 존재감을 뽐내도록 자리를 허락한다. 신이인의 시는 우리 각자의 상처가 말끔히 아물기를 한순간도 바라지 않는다. 각자의 상처는 가죽의 아름다운 일부가 되어 저마다를 특별한 존재로 재인하게 만든다.

 종종 슬픔을 많이 가진 쪽이 더 비옥한 영혼을 갖게 되리라는 역설을 시를 통해 확인받곤 한다. 슬픔, 괴로움, 분노, 박탈감, 고립감…… 사람들에겐 좀처럼 환영받지 못하는 감정들. 기피한다고 해서 피할 수 있기나 할까. 그러므로 우리에게 고통스러운 일이 들이닥친다 해도 조금쯤 수지균형이 맞는 일인지도 모르겠다. 그 고통으로 나의 내부에 불이 켜지고 내부로 향한 눈꺼풀이 반짝 뜨일지 모르니까. 나의 살아 있음과 너의 살아 있음은 분별하지 않으면서, 나의 '상처 있음'으로 너의 '상처 있음'이 유니크해지는 세계.

살아 있는 것만이 살아 있는 것을 알아보고 상처 있는 것만이 상처의 아름다움을 알아본다.

9월 26일

산문

맹지盲地에서

 첫아기를 낳고 꼼짝없이 붙들린 친구를 만나러 그의 집에 가던 날. 출산의 경험이 없고 주변머리도 없으며 손도 야무지지 못한 내가 가서 과연 무얼 도울 수 있을지. 어떤 말을 건네야 용기가 될지. 알 수 없는 근심에 사로잡혀 있었다. 초인종을 누르는 대신 도착했다는 메시지를 남기고 오분쯤 기다렸을 때, 수척해진 친구가 소리도 없이 현관문을 열어주었다. 며칠 동안 속수무책 헝클어진 머리를 감고 싶어하는 친구를 대신해 아기를 안았다. 천천히 씻고 나오라고 호기롭게 말했지만, 마음은 그렇지 않았다. 맙소사. 내가 안고 있는 것이 생명의 온몸. 자기 고개조차 가누지 못하는 무른 생명의 온몸. 뜻이 곧바로 울음이 되는 생명의 온몸이라니……

나는 친구의 아기를 건네받아 안은 순간부터 아기만큼이나 세상이 처음 같았다. 친구가 고정시킨 자세 그대로 견고한 사물처럼 서 있었다. 아기의 보드랍고 말랑말랑한 뺨은 내 어깨에 푹 달라붙어 한없이 침을 흘리고 있었다. 천문이 닫히지 않은 아기의 머리에서 고소한 살냄새가 무럭무럭 올라왔다. 친구는 한쪽 어깨가 전부 다 젖을 즈음 샤워를 마쳤고, 나는 설거지통의 몇 안 되는 그릇을 재빨리 부시고 도무지 무슨 말을 해야 할지 몰라 횡설수설하다 돌아왔다. 당초 계획은 아기에 관해 묻기보다 친구의 마음에 관해 묻고, 아기에 대해 관심 주기보다 친구의 사소한 변화를 먼저 알아봐주려 했는데.

홀린 것처럼. 아니, 압도된 것처럼. 강력하게 약한 것에 설득되어. 그날은 마음에 대해 생각할 수 없었다. 친구와 나는 시를 쓰며 대학 시절을 지나느라 서로의 마음에 불쑥불쑥 말을 찔러넣는 일이 많았지만. 그나저나 마음이라니. 영혼이라니. 그런 섬세하고 까다로운 것을 지닌 채로 아기를 키우는 일이 가당키나 한 걸까. 반면 점차 시간이 갈수록 아기에게는 마음이 정교하게 축조되었다. 그 아기는 올해 초등학교에 입학한다.

  마음은 어때? 친구에게 묻는 일은 여전히 서먹하지만, 마음을 언어로 옮기는 일만이 시의 전부가 아닌 것 같아 천만다행이다. 시에 마음을 담을 수 있다면 그것은 언어가 비켜준 자리, 행간에 담길 것이기에 조금 더 멋모른 채 써도 되는 것 아닐까. 신체 중 가장 단단한 곳은 머리뼈일 텐데, 머리뼈조차 말랑말랑했을 때. 우리가 작고 여린 살이었을 때. 무엇이 우리를 지켜주었는지 잊지 말아야지, 그런 다짐만 한다.

9월 27일

시

맹지盲地에서

아기 키우는 친구 만나러 간다

마음은 어때? 물었을 때 궁금한 건 그게 아니었으니까
너 거기 있어? 고쳐 물을 계획도 세운다

지하철 플랫폼에 서서 별 쓸데없는 생각이나 하면서

선로 위에 올라선 돌들은 큰 눈을 질끈 감을 테고
깨어난 뒤 슬프지도 기쁘지도 않을 거다

산산조각의 슬픔의 기쁨의
산산조각의 기쁨의 슬픔의

부스러기들

주머니 속의 실오리 밀기울 쏟아지듯이
집을 까뒤집으면 생활의 재료들 지도 위에 펄펄 날아오를 거다

세포는 낱낱이 알아서 슬프지도 기쁘지도 않을 거다

영혼이라는 말을 꺼내기에 앞서
가제수건과 젖꼭지에 잘 달라붙지 않는 말이라는 것을 알지만

영혼이라는 말

친구 사는 을지로에는 꼭 지나쳐야 하는 이태리 가발가게가 있어
마네킹에 얹힌 가지가지 가발들을 꼼짝없이 바라보게 한다

깨끗하게 봉해진 마네킹 얼굴에 나의 얼굴
겹쳐놓고 완전히 설득되게 한다

아기 아기 잘도 잔다

잠의 세계에서 눈을 뜨면 문득 옮겨져 있다는 것에
아기들은 운다 슬프지도 기쁘지도 않게
너무 놀라워

내가 없으면 빈집이 되는 나의 집은
저절로 밝아졌다 어두워지기를 반복하겠지

터널 끝에서 지하철이 들어온다
거기 가만히 있으라는 듯

9월 28일

산문

나무와 나무 사이

*

 길눈만 어두운 사람을 길치라고 한다면 나의 경우엔 뭐랄까. 방위 측정 능력 전반에 총체적 문제가 있는 편이다. 가령 규모가 큰 카페나 술집에서 화장실에 다녀오는 일에 당혹스러워하는 정도랄까. 인생에 들이닥친 몇 가지 역경 중에 오른쪽과 왼쪽의 개념을 배웠던 일이 포함되는 정도랄까. 고백하건대 중학생이 될 때까지도 오른쪽과 왼쪽을 지시받는 이러저러한 상황에 등줄기가 오싹했다.

 태어난 동네에서 단 한 번의 이사 없이 삼십 년을 살았지만 누군가 길을 물으면 이렇게 대답했다. 죄송해요. 잘 모르는 동네라서요.

내게는 동네 한 바퀴 산책도 약간의 모험심을 요구한다. 과장을 더 보태보자면 거의 매 순간 모험이라 말해도 될 정도로 향방부지다. 여행에 별 의욕이 일지 않는 마음을 비롯해 다소간의 반사회성마저도 방향성 결핍에서 연유하는 건 아닐까.

이따금 진지한 조언을 건네는 고마운 사람들도 만났다. 초행길에서 길을 헤매지 않으려면 무엇을 살피며 걸어야 하는지를 알려주는 사람들이다. 랜드마크가 될 만한 지형지물이나 코너의 큰 건물들, 교차로를 주의 깊게 보라 권하는 사람들. 처음에는 진심으로 궁금해져 물었다. 정말로 그런 걸 보면서 걷는단 말이에요? 그런 걸 안 보면 뭘 보면서 다니는데요? 나도 상대도 충격에 휩싸인 건 마찬가지였다.

내가 가로변에 심어진 나무와 소화전, 하늘의 상태나 구름의 규모, 지나는 사람들의 옷차림과 표정을 보며 걷는다는 사실을 그들은 재미있다고 생각하거나 엉뚱하다고 생각하는 것 같지만, 내게는 앞에 있는 것을 볼 뿐인 간단한 문제다. 내가 시인이라서 혹은 감수성이 풍부해서 그렇다는 것이 아니라 더 재미있는 것에 눈이 갈 뿐인 문제다. 요즘 같아선 이렇게 대답할 수도 있겠다. 제가 INFP라서요.

*

 바다와 산 중에 고르라면 산. 바다는 마주보는 기분, 산은 속하는 기분. 수영을 할 줄 안다고 해도 바다는 밀어내는 느낌. 산을 탈 줄 모른다고 해도 산은 안아주는 느낌. 산에 가는 걸 좋아한다. 명산을 등반하는 취미가 있는 것은 아니고, 동네 야산에 오르는 걸 좋아한다. 정상 밟을 생각 같은 건 애당초 하지도 않는다. 오르고 싶은 만큼만 올랐다가 똑같은 길로 내려와도 상관없다.

 산은 멀리 가지 않으면서도 멀리 가는 것이 가능하기 때문에 길을 잃을지도 모른다는 두려움 없이 다닐 수 있다. 오르막과 내리막, 발바닥과 종아리의 단순한 감각만으로도 계획과 실행이 어긋나지 않는다. 더 오르려면 오르막을 따르면 되고 그만 내려가야지 싶으면 내리막을 따르면 되는 것이어서. 사람들의 옷차림과 표정, 나무 명찰, 휘어지고 꺾인 거목 옆에 어린나무, 뾰족뾰족한 침엽수 옆에 층층 늘어진 활엽수, 표정을 연상케 하는 기암괴석, 작은 동물들이 급히 달아나는 부스럭 소리 같은 것에 정신 팔려도 별 지장이 없다.

내가 사는 곳에 있는 정발산은 고도 팔십 미터쯤 되는 낮은 산이다. 일주일에 한 번 정도는 둘레길을 걷는다. 몇 주 전, 시인들은 자연을 좋아하는 것 같다고 누군가 말했을 때. 현실이 싫어서 자연을 좋아하는 것이냐고 물었을 때. 나는 아무 말도 하지 못했다. 그리고 그의 말을 이렇게 오래 되새기게 되리라고도 예상하지 못했다. 어떤 것이 현실이고 어떤 것이 자연일까. 현실은 문명이고 자연은 원시인 걸까. 나는 문명을 싫어하기 때문에 원시성을 좋아하는 걸까. 인간과 인간의 결과인 현실을 자연으로부터 분리시켜 감각하고 사유하는 것이 가능할까.

산을 오르는 동안 알게 되었다. 간판이 없다는 이유만으로 산을 좋아하진 않는다. 산을 좋아하는 것은 삶의 피로와도 무관하다. 있는 것. 그냥 있는 것. 나무와 나무가 모여 단순하고도 놀라운 전략을 보여주고 있는 것. 그러니 내가 작아질 수밖에. 내가 속할 수밖에 없는 것이다.

9월 29일

읽
기

모든 것이 중요하다
| 나의 사적인 고전 읽기 |

산책과 예감

길에서 시작하고 싶다. 눈앞에 산적한 시집들 가운데 무작위로 집어 펼쳤더니 삼천포로 빠지기에 알맞은 고샅들이 사방으로 펼쳐진다. 길은 공간과 공간 사이의 틈. 나에게 시는 틈으로만 이루어진 언어다. 나는 아직 어리석어 달나라 음식인 '무無'의 시원한 맛[1]까지는 알지 못한다. 있음과 있음 사이. 비어 있는 틈까지만 간신히 이해할 뿐.

조용한 빈 종이가 아니라, 존재에 부딪혀보기 위해 도움닫기 중인 언어들이 온몸을 던져 '있음'의 생기를 건드린다.

---

1) 김혜순, 「미지근한 입안에서」 중 "달나라 음식은 시원한 무無로 만들어졌다"에서 빌려옴.

쩍 벌어지는 틈 너머로 모습을 드러내는 것이 시가 아닐까 생각할 뿐. 나는 시를 있게 하기 위해 나를 비우고 싶다. 작게. 낮게. 얇게. 비운 자세만이 틈 사이로 들어갈 수 있기 때문에. 틈을 통해 걸으면 예상의 바깥에 도착한다. 틈을 통해 보면 너의 얼굴과 너의 뒤통수가 표정을 겹쳐 보여준다. 이 듬성듬성하고 들쭉날쭉한 샛길들이 문밖으로 나를 내어놓는다. 길에 서게 한다. 시를 사랑하는 일에 싫증이 나지 않는 이유. 도무지 시가 무엇인지 알 길 없는 까닭도 있지만, 각지각처로 뻗어나가는 이 샛길들 때문. 행간이라고 부르는 무량한 샛길들.

길을 걸으면 빠져나가는 것이 많다. 호주머니에 든 동전이라고 생각해도 좋다. 빠져나간 자리에 새롭게 들어서는 것도 다시금 되돌아오는 것도 있을 테지만, 세계는 양팔 저울 접시 위가 아니지. 빠져나간 그대로 빈자리가 남을 수 있다. 빈자리는 리듬을 발생시킨다. 머릿속을 빡빡하게 차지한 언어들이 느슨해지면, 말이 아니라 노래. 호주머니에 든 동전들은 필요한 정도보다 모자랄 때 맑은소리가 난다. 조금씩 흘리고 갈 때는 길이 된다. 걷는 동안 나는, 길이라는 조율사의 손끝에서 멜로디가 되어 날아가지. 한없이 가벼워지지.

맵에는 표시되지 않는 마을에서 깨어난다. 표정이 한 겹 벗겨진 투명한 얼굴로. 간신히 자기 삶 앞으로 돌아오기도 하고 영영 돌아오지 못해 다른 삶을 살기도 하겠지. 한 편의 시가 삶을 완전히 바꿀 수 있다는 사실을 몰랐던 때도 있었다. 낯선 시인의 시집을 펼쳤다가 휙 던지는 일에 주저함이 없던 시절.

나는 길을 걸으면서 내 몸의 틈도 안다. 콧구멍과 목구멍과 똥구멍과 눈구멍과 귓구멍이 열려 바깥과 끊임없이 교접하고 있음을 은밀하게 느낀다. 천문이 닫히지 않은 내 아기의 말랑말랑한 두개골을 통해 나의 내부를 드나드는 외계를 느낀다. 듬성듬성 열린 몸으로 있음과 있음 사이를 허물어질 듯 걸으며 예감한다. 한 번도 와본 적 없는 길에 들어서고 있네…… 시시각각 변하고 있네…… 죽어가네…… 꼭 탄생하려 하네. 그런 예감.

시선이라는 꽃(페르난두 페소아, 『시는 내가 홀로 있는 방식』)

 책상 위에는 아직 읽지 못한 책들이. 약속 시간보다 일찍 도착한 방문객처럼 나를 기다리고 있다. 수습할 수 없을 정도로 쌓이면 주기적으로 그것들을 책장에 옮겨 꽂는다. 약속을 무기한 연장하는 무례를 부디 용서하세요. 사실 나는 무엇에 더 특별한 의미를 두는 일이 어색하다. 무엇은 잘 보이게 남겨두고 무엇은 손 닿지 않는 곳에 깊숙이 치워버리는 작업은 피곤하지. 다만 나에게 길 보기의 세례를 내려준 목소리. 그 목소리들에 대해 말하면 좋겠다.

 내가 감동하는 목소리는 작은 목소리. 있음의 틈을 벌리며 빛나는 것을 발견하게 하는 목소리. 그것은 찰나의 발끝으로 서 있는 팽이에게서 튀어나오기도 하고[2], 반대편만을 바라보는 거울 내부에서 솟구치기도[3], 대방동 조흥은행과 주택은행 사이의 햇빛으로 오기도[4] 하는데. 나를 전율케 하는 시들은 모두 같은 말을 하는 것만 같다. 모든 것이 중

---

[2] 김수영, 「달나라의 장난」을 생각하며.
[3] 실비아 플라스, 「거울」을 생각하며.
[4] 오규원, 「대방동 조흥은행과 주택은행 사이」를 생각하며.

요하다고.

 내 손으로 일상의 반복을 무너뜨린 자리에서 보았다. 생각을 무너뜨린 자리에서 보였다. 방문을 닫고 있으면 내가 너무 커져서 아무것도 보이지 않았다. 방문을 열고 나가 내가 작아지면. 대문을 열고 나가 더없이 작아지면. 보이기 시작한다. 자연이라고 부를 수 없는 것들. 거리의 사람들. 거리의 수목들. 나비와 나비가 나비를 만들려 추는 무한의 춤. 고장난 신호등의 생물적 박동. 말라붙은 지렁이를 다시 그어보려는 개미들의 협동. 생울타리 밖으로 점, 점, 점, 기어나오는 넝쿨 발자국. 웅덩이에 고인 수중도시. 창문 닦는 사람. 다친 다리를 끌고 가는 사람. 웃는 사람과 따라 웃는 사람. 그런 것들이.

 모든 것이 중요하다. 가장 뒤에 서서 바라보면 선명하다. 작게. 낮게. 얇게. 존재의 있음과 있음 사이에 길이 있는데, 폭이 좁다면 속도를 올려 질주하기 좋아. 폭이 넉넉하다면 죽치고 앉아 쉬기에 좋아. 이상하지. 내가 작아질수록 삶을 사랑하게 된다는 것이. 시가 가르쳐준 첫번째 마음이.

페소아의 「양 떼를 지키는 사람」은 꽤 긴 시다. 페소아를 읽기 전부터 페소아를 알고 있었지만, 어쩐지 그는 다가가기 어려운 작가였다. 겹이 많은 것은 까다롭고 조심스럽게 다뤄야 하므로. 하지만 양떼를 지키는 시의 눈동자 안에서 나는 보호받았다. 시선의 주체가 던진 풍경의 그물 속에서 어린 양 한 마리로서 존재해왔다. 양 한 마리임과 동시에 양떼를 지키는 사람으로서 시선의 그물망을 부드럽게 열어두기도 하지. 방문을 열고 나가 삶을 바라보는 일로 겸허해진다.

시는 내가 홀로 있는 방식. 나의 홀로 있음을 딛고 설 수 있을 때 모든 것이 저 홀로 대단해진 풍경을 들켜준다는 말로, 이해한다. 모든 것에는 물론 나도 속한다. 눈뜨는 방법은 시가 가르쳐준 또다른 소중한 것. 나는 오늘 보았다. 죽은 나뭇가지를 스스로 떼어내는 당단풍나무. 두툼한 갈잎들 위로 삭정이가 떨어지며 내는 소리. 죽음 위에 죽음이 포근히 곤두박질치는 소리를 들으며 당단풍나무와 나는 살아있다. 산 것은 산 것. 죽은 것은 죽은 것. 전체의 무엇이라고 말할 수 없었다.

신비…… 나는 불가해한 어떤 것을 신비라고 부르는 실수를 이제는 저지르지 않는다. 선명하고 강력하게 홀로 있는 존재들. 그것이 신비. 선명하고 강력하게 홀로 있는 존재들의 틈으로 걸어가기. 그것이 시.

초점이 자라는 수상한 그림(박상순, 『마라나, 포르노 만화의 여주인공』)

공원의 그루터기를 떠올린다. 나는 나무의 비어 있음에 앉아 시간 보내기를 좋아한다. 도시에서 태어났기 때문에 도시를 좋아하지 않는 걸까. 도시의 길을 걷고 있으면 너무 많은 정보가 침투한다. 찌르는 자극들로 피로하다. 도시는 나의 욕망을 뜨겁게 달구었다가 여러 번 접어 누른 뒤 날카로운 무기가 될 때까지 내리치지. 작게. 낮게. 얇게. 비웠다면 다칠 일도 없을 텐데 나는 아직 어설픈 수준. 비우지 못한 부분이 있어 납작해질 때까지 얻어맞는다. 시를 열심히 읽던 시절. 나는 몸집보다 커다랗게 열려 있었다. 불안은 춥기 때문에 대문을 나설 때마다 턱을 떨었다. 나의 훌륭한

시 선생님들은 학생들의 가슴을 얼얼하게 만드는 것을 잘하셨다. 깨지기 좋도록.

도시에서 도시로 크게 이동하면서 배우러 다닐 적. 나는 붙잡을 수 있을 만한 것들을 찾아다녔다. 등 붙일 수 있는 가장자리로만 다녔다. 하루에 네 시간 타는 지하철에서는 무릎이 책상. 무릎 위에 시집 한 권을 턱 올려놓았다. 압도적인 고통. 압도적인 치욕. 압도적인 고독. 압도적인 허무. 그런 독백이라면 마주볼 엄두가 나지 않았다. 그 대신 가장자리의 벽에 그림 하나 걸어두는 일. 그리는 시를 가까이 두었다. 그림 한 점의 고요 속에서 무성해지는 것이 나의 읽기이므로.

그림을 걸어두고 오래 눈맞추면 그림은 나의 느린 속도를 기다려준다. 내 고통의 속도에 맞춰 세포분열 한다. 시인의 허무가 나를 추월해 쓰러뜨리지 않고, 내 안에서 두껍게 자라난 허무가 나의 심지가 될 때까지. 시인으로부터 고통의 불씨를 받아오는 것이 아니라 내 안에서 점화된 고통이 스스로 타오를 때까지.

무엇도 앞지르려 하지 않고 한 폭으로 살아 있는 시. 살아 있는 것의 살아 있음은 이해의 대상이 아니므로 관계가 발생한다. 관계는 초점이다. 눈뜨는 방법을 가르쳐준 것은 시인데 눈동자의 흑연 또한 시가 심어주었다. 나는 길의 보이는 모든 것을 볼 수 있지만, 길의 보이는 모든 것을 볼 수 없으므로. 나의 안과 나의 밖이 동시에 보인다. 존재의 신비를 알아차리는 나의 보폭에 맞춰 바깥이 열린다. 이미지가 안팎으로 주렁주렁 익어간다.

소장한 시집 중에 가장 너덜거리는 책은 박상순 시인의 『마라나, 포르노 만화의 여주인공』. 나의 오랜 지하철 친구. 첫 만남의 수상한 마음을 고스란히 간직하고 있다. 이해하지 못했기 때문에 내용을 파악할 수는 없어도 샛길이 많아 끝까지 걸어볼 수는 있다. 읽는 자리가 울창하도록 행간이 넓고 깊다. 자꾸자꾸 펼쳐보았다.

시집에서 언뜻 마주치게 되는 아이가 있었는데 혼자 있는 아이. 말 없는 아이. 하지 않는 아이. 두 귀에 불을 놓고 소리 지르는 아이. 일곱 여덟 아홉 살. 그런 아이를 본 것 같다. 되돌아간다. 낡고 슬픈 기계가 끝을 향해 돌아가고 있다. 되돌아간다. 가장자리 벽 한켠에 붙여두고 오래 바라보았더니 더 보여준다. 이해가 아니라 관계가 되는 순간.

 시는 최소한의 그림. 있는 것은 기차와 백합과 소풍 나온 나. 기차의 충돌과 백합정원의 어린 백합들과 유모차를 밀고 가는 내가 있다. 손에 쥔 거울이 있다. 반복되는 끝과 반복되는 시작이 있다. 그런데 드러난 최소한의 그림은 부재한 것의 그림자 아닌지. 거울은 단면만을 비춤으로써 세계의 입체감을 역설하니까. 프레임의 죽은 내부를 보임으로써 프레임의 바깥을 살아 있게 하니까. 최소를 오래 바라보니 보이지 않는 비대상에게로 초점은 확장된다. 저절로 가득해진다. 그림에는 나의 친구가 없어서 있고, 슬픔이 없어서 있다. 유혈이 없고 비명이 없고 충돌의 섬광이 없어서 있다. 이제 나는 유모차의 텅 비어 있음을 바라볼 수 있다. 어린 백합들 아래 깔린 썩은 구근을 볼 수 있다. 거울에게 농구대를 보여주러 갈 미래. 화자의 손에 들려 흔들흔들 풍경을 섞고 있을 거울의 표면에 잠깐 맺혔다 사라지는 우연한 장면들까지.

모든 것은 전에 본 적 없으므로 모든 것이 중요하다. 길 위에서 나의 분열은 피할 수 없는 일. 나는 생성과 소멸을 반복한다. 복수의 초점으로 열린다. 보이는 모든 것을 볼 수 있지만, 보이는 모든 것을 볼 수 없기 때문에. 시는 다른 것을 보게 한다. 길에서 출발한 이 글이 현실 세계의 길과는 전혀 다른 길을 벗기며 온 것처럼.

나를 전율케 하는 시들은 모두 같은 말을 하는 것 같다.
살아 있음의 신비를 느껴보자. 사랑하자.

그런 말.

9월 30일

시

늘어놓기, 가로등이 꺼질 때까지 늘어놓기,
완전한 어둠 속에서 늘어놓기……

길이 그렇게 해
비비추를 본 적 없어서 끝없이 비비추 그리는 일
비비추와 기억 없어서 끝없이 비비추 흔적 남기는 일
같은 식의 반복이지

매일 저녁 편의점 앞으로 짱구가 지나간다
(길은 어째서 그를 짱구라고 부를까
머리가 짱돌처럼 크기 때문일까)
발효취를 풍기며 떡진 머리를 긁적이며 오면

안녕, 어디서든 원하는 만큼은 잘 지내길……
나는 중얼거려

죽은 친구에게 목소리 편지를 띄우듯이

가슴 가죽을 땅에 질질 끄는 닥스훈트와 함께
짱구가 오는 거야

오소리를 본 적 없어서 끝없이 길어지는 오소리 사냥개의 길이
오소리와 기억 없어서 끝없이 멀어지는 오소리 사냥개의 코를 끌고

술 한 병 들고 가는 거야
한 손에는 막걸리 한 손에는 오양맛살 들고
윤기 흐르는 닥스훈트
그림자처럼 뒤따르는 거지

햇빛, 구름, 미래, 슬픔 같은 목록으론 그를 증언할 수 없다는 게
나의 쓰기 쟁점인데
이상해, 자꾸 음악이 발생하는 거야

플라타너스가 옆구리로 툭툭
폭소하는 거야

길이 사랑하는 학생들 중에
주정뱅이 있고
고아 노인 있고
겁먹은 선생 있고
쿠콰 툿 카 툿 폭력배 있는데

탐미의 시기에는 탐미에 빠지고 싶어
비미의 시기에는 비미에 놀라고 싶어
멜로디처럼
길이 그렇게 하는 거야

기보법을 배우지 않아도 우는 법을 아는 식이지
먼지를 세는 개별 단위가 없어서
먼지는 처음부터 입술 위에 앉는 식이지

나비 고치의 내부에는

애벌레의 기억 쥬스가 고여 있다는데
길은 언제나 조금 젖어 있을 뿐

매일 저녁 편의점 앞을 지나가는 사람이
막걸리를 사가지고 돌아가는 사람이
한동안 오지 않는 것을

길은 염려하지 않는 법이지
안녕, 친구여, 어디서든 원하는 만큼은……
음
음
음

무궁무궁

ⓒ 유계영 2025

초판 1쇄 인쇄 2025년 8월 22일
초판 1쇄 발행 2025년 9월 1일

지은이 유계영

책임편집 유성원
편집 권현승 정가현
표지디자인 한혜진 **본문디자인** 이주영
저작권 박지영 형소진 주은수 오서영 조경은
마케팅 정민호 박치우 한민아 이민경 박진희 황승현 김경언
브랜딩 함유지 박민재 이송이 박다솔 조다현 김하연 이준희
제작 강신은 김동욱 이순호
제작처 영신사

펴낸곳 (주)난다
펴낸이 김민정
출판등록 2016년 8월 25일 제406-2016-000108호
주소 10881 경기도 파주시 회동길 210
전자우편 nandatoogo@gmail.com **페이스북** @nandaisart **인스타그램** @nandaisart
문의전화 031-955-8865(편집) 031-955-2689(마케팅) 031-955-8855(팩스)

ISBN 979-11-94171-81-2

○이 책의 판권은 지은이와 (주)난다에 있습니다.
○이 책 내용의 전부 또는 일부를 재사용하려면 반드시 양측의 서면 동의를 받아야 합니다.
○난다는 (주)문학동네의 계열사입니다.
○잘못된 책은 구입하신 서점에서 교환해드립니다.
기타 교환 문의 : 031-955-2661, 3580